ウイスキー カクテル

Whisk(e)y Cocktails

JN107235

いしかわ あさこ

STUDIO TAC CREATIVE

Contents

目 次

いろいろな飲み方で楽しめるウイスキー ⋯⋯⋯⋯⋯⋯ 4

ウイスキーのラベルからわかること ⋯⋯⋯⋯⋯⋯ 8

ウイスキーの原料と種類 ⋯⋯⋯⋯⋯⋯ 11

産地による分類 ⋯⋯⋯⋯⋯⋯ 14

ウイスキーの製造 ⋯⋯⋯⋯⋯⋯ 16

代表的なウイスキーカクテル7 ⋯⋯⋯⋯⋯⋯ 18

Whisky Cocktails Ⅰ　**BAR BARNS** ⋯⋯⋯⋯⋯⋯ 35

Whisky Cocktails Ⅱ　**Dimples** ⋯⋯⋯⋯⋯⋯ 49

Whisky Cocktails Ⅲ　**The Bar CASABLANCA** ⋯⋯⋯⋯⋯⋯ 63

Whisky Cocktails Ⅳ　**SUKIYABASHI SAMBOA BAR** ⋯⋯⋯⋯⋯⋯ 101

Whisky Cocktails Ⅴ　**夜香木** ⋯⋯⋯⋯⋯⋯ 115

Whisky Cocktails Ⅵ　**Bar Scotch Cat** ⋯⋯⋯⋯⋯⋯ 129

Whisky Cocktails Ⅶ　**ark LOUNGE&BAR** ⋯⋯⋯⋯⋯⋯ 143

Whisky Cocktails Ⅷ　**Savoy East Gate** ⋯⋯⋯⋯⋯⋯ 171

Whisky Cocktails Ⅸ　**Tom & Jerry Bar** ⋯⋯⋯⋯⋯⋯ 185

Whisky Cocktails Ⅹ　**The Bellwood** ⋯⋯⋯⋯⋯⋯ 199

名匠がつくる、スタンダードウイスキーカクテル Ⅰ　城. ⋯⋯⋯⋯⋯⋯⋯⋯⋯ 221

名匠がつくる、スタンダードウイスキーカクテル Ⅱ　**Bar d** ⋯⋯⋯⋯⋯⋯⋯ 243

名匠がつくる、スタンダードウイスキーカクテル Ⅲ　**BAR HIRAMATSU** ⋯⋯⋯⋯ 265

Food Pairing Ⅰ **By BAR BARNS** ⋯⋯⋯⋯⋯⋯⋯⋯⋯⋯ 85

Food Pairing Ⅱ **By BAR THREE MARTINI** ⋯⋯⋯⋯⋯ 159

カクテルベースにお薦めのウイスキー20 ⋯⋯⋯⋯⋯⋯⋯⋯⋯ 215

プロフェッショナルが薦めるウイスキー ⋯⋯⋯⋯⋯⋯⋯⋯⋯ 287

スタンダード ウイスキーカクテル レシピ ⋯⋯⋯⋯⋯⋯⋯⋯⋯ 300

ウ イ ス キ ー　カ ク テ ル
Whisk(e)y Cocktails

いろいろな飲み方で楽しめるウイスキー

　ストレート、ロック、水割り、トワイスアップ、フロート、ミスト、ホット、そしてカクテル。これほどいろいろな飲み方で楽しめるお酒は、珍しいのではないでしょうか。それは水や炭酸で割ることを想定して造られていたり、ウイスキーにフルーツや花、バニラなどのスパイス、ハーブ、ナッツ、チーズ、チョコレート、パン、スモークといったフレーバーを感じられるからかもしれません。

　普段、ウイスキーをあまり口にしない方は「そんなフレーバーがあるの?」と不思議に思いますよね。実は原料の穀物がパンや野菜、麦芽を乾燥させる際に使う泥炭がスモーク、製造過程で生じるエステル(※)がフルーツや香水、樽による熟成がバニラやシナモンなどのスパイス、ナッツ、チョコレートのフレーバーを生んでいるのです。多種多様なフレーバーがあるからこそ面白く、さまざまな素材と合わせた幅広い楽しみ方ができるウイスキー。ソーダで割ったハイボールは市民権を得ましたが、本書では意外と知られていない魅力的なウイスキーカクテルをご紹介していきます。

> ※**エステル**:発酵において、アルコールと脂肪酸などが反応してできる化合物。バナナ、桃、パイナップルなどのフルーツや花のように、甘く華やかな香味が生まれる。

NEAT　ストレート

ウイスキーをスニフターグラスやショットグラスなどに
注いで、そのまま味わうスタイル。その風味をじっくり
堪能できるので、特に個性的なシングルモルトやカス
クストレングス（樽出しでアルコール度数が高い）のウ
イスキーはストレートで飲まれることが多いです。

つくりかた
①グラスにウイスキーを適量（30～45ml）注ぐ。
②チェイサー（水）を用意する。

ON THE ROCKS　ロック

大きい氷がひとつ入るだけで、ウイスキーはぐっと飲
みやすくなります。ただ、ウイスキーが冷えると香りを
感じづらくなるので、はじめにストレートで香りを確かめ
てから氷を加えても良いでしょう。コンビニなどで売っ
ているかち割り氷を使えば、手軽にオン・ザ・ロックスを
楽しめます。

つくりかた
①ロックグラスに大きめの氷を入れる。
②ウイスキーを適量（30～45ml）注ぐ。
③マドラーなどで軽く混ぜる。

WHISKY AND WATER　水割り

最も飲みやすく、食中酒としても活躍するのが水割り
です。ウイスキー造りにはいろいろな場面で仕込み水
と呼ばれる水が使われ、とても大切な原料のひとつ。
ベースとなるウイスキーの仕込み水が軟水か、硬水か
を調べて水を選ぶのも良いですね。基本的にはミネラ
ル成分が少なく、クセのない軟水が適しています。

つくりかた
①タンブラーなどのグラスへ氷を一杯に入れる。
②ウイスキーを適量（30～45ml）注ぐ。
③マドラーなどでしっかりと混ぜる。
④減った氷を足し、水を加える。
⑤マドラーなどで軽く混ぜる。

TWICE UP　トワイスアップ

加水によって、ウイスキーの香りは開いていきます。シングルモルトのテイスティング時には、加水をしてその香りをじっくり嗅ぎ取ることも。常温のほうが香りを感じやすいので、ウイスキーも水も常温に。水は軟水のミネラルウォーターがお薦めです。

つくりかた

①グラスにウイスキーを適量注ぐ。
②ウイスキーと同量の水を加えて、軽くスワリング（グラスの底を持って、くるくると回転させる）する。

FLOAT　フロート

比重の違いを利用して、液体に層を作るスタイル。ウイスキーは水より軽いので上に浮きますが、勢いよく入れると混ざってしまいます。静かに、ゆっくりとウイスキーを加えるのがポイント。はじめはストレート、徐々にロック、水割りと、飲み進めるにつれて味わいが変化します。

つくりかた

①タンブラーなどのグラスに氷を入れて、7分目まで水を注ぐ。
②マドラーやバースプーンにつたわせながら、ウイスキーを加える。

MIST　ミスト

冷涼な見た目と飲み口から、暑い時期に飲まれることが多いウイスキーミスト。急激にウイスキーが冷え、グラスの外側に霧（ミスト）がかかったようになります。氷を丈夫なビニール袋に入れてタオルをかぶせ、上からすりこぎなどで叩けばクラッシュドアイスができます。

つくりかた

①ロックグラスにクラッシュドアイスをたっぷり入れる。
②ウイスキーを適量注ぐ。
③マドラーなどでしっかりと混ぜる。

HOT　ホット

シンプルなお湯割りが定番ですが、レモンや蜂蜜、ジャムやバターなどを加えれば多様なアレンジが楽しめます。グラスに砂糖を入れて少量のお湯で溶かし、ウイスキーとお湯を加えて作るカクテル「ホット・ウイスキー・トディー」は、スライスしたレモンやクローブ、シナモンスティックを添えます。

つくりかた

① 耐熱グラスにお湯を注ぎ、温めておく。
② お湯を捨てて、ウイスキーをグラスの1/3〜1/4ほど入れる。
③ ウイスキーの2〜3倍量のお湯を加える。
④ マドラーなどで軽く混ぜる。

COCKTAIL　カクテル

カクテルの女王「マンハッタン」、ミントの葉がたっぷり入った爽やかな「ミントジュレップ」、寒い日に飲みたい「アイリッシュコーヒー」など、ウイスキーをベースにしたカクテルは数多く存在します。お酒と何かを混ぜれば「カクテル」なので、先述の水割りやハイボールもカクテルのひとつです。

ウイスキーのラベルからわかること

製品名をはじめ、生産地、容量、アルコール度数など、多くの情報がウイスキーの
ラベルには記載されています。どのようなことが読み取れるか知っておくと、ウイス
キーを選ぶときや飲むときに一層楽しめるはずです。

① **設立年**

蒸溜所、製造元の設立年。"Established ○○" や "SINCE ○○ YEAR" と記されます。

② **製品名**

シングルモルトの場合、基本的にオフィシャルボトル（蒸溜所が自社で商品化）はその名が最も目立つように表記されます。ボトラーズボトル（独立瓶詰め業者／インディペンデント・ボトラーが蒸溜所から原酒を購入し、独自で商品化）は、蒸溜所名よりボトラーズのブランド名が大きく表記されたり、ラベルに書かれている情報が多いのが特徴。

③ **種　類**

スコッチ、バーボン、シングルモルト、ブレンデッドといったウイスキーの種類。産地が併せて記されることも。"BLENDED SCOTCH WHISKY" "ISLAY SINGLE MALT SCOTCH WHISKY" "KENTUCKY STRAIGHT BOURBON WHISKEY" など。

④ **熟成年数**

樽で熟成された年数。複数の樽を混ぜている場合、最も若い原酒の熟成年数が表記されます。例えば12年なら、12年熟成されたものだけでなく、それ以上熟成された原酒も入っている可能性があります。

⑤ **容　量**

ml（ミリリットル）または、cl（センチリットル）で表記されます。700ml=70cl。

⑥ **アルコール度数**

40～46％が一般的ですが、中には50～60％台のボトルもあります。バーボンウイスキーはプルーフ（PROOF）表記されることもあり、1プルーフ＝0.5％なので "80 PROOF" なら40％に相当します。

● ほかにも、ラベルからさまざまな情報が読み取れます。

FIRST FILL ファースト フィル

ウイスキーが熟成される樽（カスク）は、70～80年ほど繰り返し使われます。酒類をはじめて詰める樽を「新樽」といい、これで熟成させて払い出した後の樽が1空き（ファーストフィル）。樽材から溶出する成分が豊富で、前に詰められていた酒類（バーボン、シェリー、ワインなど）の影響も大きくなります。セカンドフィル以降は、樽の影響が小さくなっていきます。

FINISH フィニッシュ

通常の熟成後、別の樽に移し替えてさらに熟成させることで独自の風味を付加する手法。シェリー（オロロソ、ペドロヒメネス、パロ コルタド）、ポートワイン、ラムカスクなどが使われます。"PORT CASK FINISH" などと記されます。

MARRIAGE マリッジ

異なる樽で熟成された原酒をブレンドし、再び樽に詰めて暫く寝かせること。原酒同士が融合し、バランスの良い製品に仕上がります。

CASK STRENGTH カスク ストレングス

樽からウイスキーをそのまま取り出した時のアルコール度数、またはその度数で詰められたウイスキーを指します。一般的にウイスキーは加水をして40％台でボトリングされますが、カスクストレングスのウイスキーは加水せずに詰めているため50～60％台に。

SINGLE CASK シングル カスク

ほかの樽を混ぜずに、ひとつの樽からボトリングしたもの。本数が限られる希少なボトルで、価格はやや高くなります。

NON CHILLFILTERED ノン チルフィルタード

チルフィルタリング（ウイスキーを冷却し、濾過する）をしていないウイスキー。低温の場所に長時間保管すると香味成分が析出して濁りや澱が生じたり、氷を入れるとウイスキーが白濁するのを防ぐためにチルフィルタリングを行いますが、その際に香味成分も除去されてしまいます。原酒本来の風味を楽しめるよう、チルフィルタリングをせずにそのままボトリングしたのが "NON CHILLFILTERED" と書かれたウイスキーです。

ウイスキーの原料と種類

ウイスキーは「穀物を原料に、糖化・発酵・蒸溜を行い、木製の樽で熟成した蒸溜酒」。各国で原料・製法・熟成年数などが定められ、その種類は多岐にわたります。

[主な原料]

穀物	水	酵母

[モルトウイスキー]
大麦麦芽（大麦を発芽させたもの。モルトとも呼ばれる）のみが使われます。

[グリーンウイスキー]
とうもろこし、小麦、ライ麦、大麦麦芽などが使われます。

製麦、糖化、蒸溜といった製造工程からボトリング時の加水まで大量の水（仕込み水）が使われます。ウイスキーの風味に大きく影響するため、良質な水源の確保が重要。スコットランドや日本は軟水、アメリカやカナダでは硬水を用いることが多いです。

イースト菌。酵母が糖を食べることでアルコール発酵が起こります。空気中から植物、野菜、果物の表面などに生息する酵母は数多くの種類がある微生物で、ウイスキーのほかにもビールやワイン、日本酒それぞれに適した酵母が使い分けられています。

[酒 類]

醸造酒→穀物や果実などの原料を酵母の力によってアルコール発酵させたもの。アルコール度数は5 ～ 15%前後のものが多い。
ビール、日本酒、ワイン、シードル

蒸溜酒→醸造酒を蒸溜して造られるアルコール度数の高いお酒。25 ～ 40%以上にもなる。
ウイスキー、ブランデー、ジン、ウォッカ、テキーラ、ラム、焼酎

混成酒→醸造酒や蒸溜酒に、果実や植物などの香味や糖分を加えて造られる。
リキュール、梅酒、みりん

● 原料と製法による分類

[MALT WHISKY モルトウイスキー]

大麦麦芽を糖化・発酵させた後、単式蒸溜器で蒸溜させたウイスキー。複雑で豊かな風味を持ちます。

[GRAIN WHISKY グレーンウイスキー]

連続式蒸溜機で蒸溜するため、軽く穏やかですっきりとした味わいが特徴。原料はとうもろこし、小麦、ライ麦、大麦麦芽など。多くはブレンデッドウイスキーのブレンド用として使われます。モルトウイスキーの強い個性を和らげ、飲みやすくする役割を担っています。

[BLENDED WHISKY ブレンデッドウイスキー]

複数のモルトウイスキーとグレーンウイスキーをブレンドし、バランス良く飲みやすい風味に仕上げたウイスキー。スコッチウイスキーの約9割がこれに当てはまります。

[SINGLE MALT WHISKY シングルモルトウイスキー]

ひとつの蒸溜所で造られるモルトウイスキー。いくつかの樽を混ぜてボトリングされますが、混ぜずにひとつの樽のみで製品化したものをシングルカスク（またはシングルバレル）と呼びます。

[SINGLE GRAIN WHISKY シングルグレーンウイスキー]

ひとつの蒸溜所で造られるグレーンウイスキー。

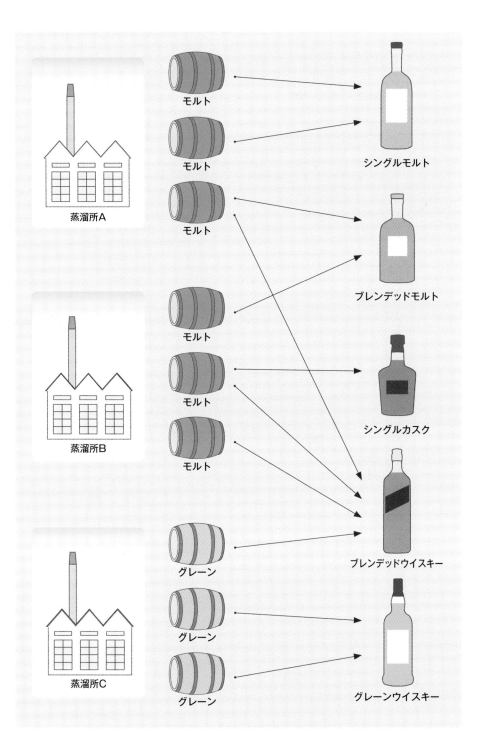

蒸溜所A

モルト

モルト

モルト

シングルモルト

ブレンデッドモルト

モルト

蒸溜所B

モルト

モルト

シングルカスク

グレーン

ブレンデッドウイスキー

蒸溜所C

グレーン

グレーン

グレーンウイスキー

13

産地による分類

世界的なウイスキー生産国として知られているスコットランド、アイルランド、アメリカ、カナダ、日本の5ヶ国で造られるウイスキーは「5大ウイスキー」と呼ばれ、その技術や品質、生産量などで高い評価を受けてきました。近年では小規模蒸溜所も次々と稼働し始め、台湾、インド、オーストラリア、フランス、フィンランドなど、世界中でバラエティに富んだウイスキーが生まれています。

スコッチウイスキー ［スコットランド］

世界中で最も広く知られ、飲まれているのがスコッチウイスキー。生産地はスペイサイド、ハイランド、ローランド、キャンベルタウン、アイラ、アイランズの6つに分けられ、さまざまな個性を持つシングルモルトが造られています。スコットランドでは蒸溜所間での原酒交換が一般的に行われており、多様な原酒をブレンドしたウイスキーが商品化されています。

アイリッシュウイスキー ［アイルランド］

スコッチが主に2回蒸溜するのに対して、アイリッシュは基本的に3回蒸溜。ライトで穏やかな口当たりに仕上げています。スコットランドと同じくウイスキー発祥の地とされ、かつては生産量が世界一でした。スコッチウイスキーの綴りは"Whisky"ですが、アイリッシュウイスキーの多くは"Whiskey"と綴られます。近年、多くの蒸溜所が誕生し、勢いを増しています。

アメリカンウイスキー［アメリカ］

最も有名なのがバーボンウイスキーで、ほとんどがケンタッキー州で造られています。バーボンは、「原料の51％以上がとうもろこし」「内側を焦がした新樽に62.5％以下で樽詰めし、熟成する」などの基準を満たすことが必要。バニラ香と、パワフルな味わいが特徴です。そのほか、原料によってライ（原料の51％以上がライ麦）、ウィート（原料の51％以上が小麦）、コーン（原料の80％以上がとうもろこし）などに分類されます。

カナディアンウイスキー［カナダ］

禁酒法時代に生産を伸ばし、その後もアメリカで広く浸透したカナディアンウイスキーは、バーボンに比べて軽やかな味わい。とうもろこしなどを主原料にアルコール度数95％以下で蒸溜した「ベースウイスキー」と、ライ麦やとうもろこしなどを原料に60〜70％で蒸溜した「フレーバリングウイスキー」を混ぜたブレンデッドウイスキーが主に流通しています。

ジャパニーズウイスキー［日本］

5大ウイスキーの中で最も歴史が浅いものの、その人気と品質の高さは周知のとおり。スコッチウイスキーと同じく、モルトウイスキーとグレーンウイスキー、それらを混ぜたブレンデッドウイスキーが造られています。かつては蒸溜所が少なかったことから、スコッチのように原酒を交換するのではなく、ひとつの蒸溜所で多彩な原酒を造り分ける技術が確立されました。しかし、最近では蒸溜所が増え、原酒交換をして新たなウイスキーを共同で開発するところも登場しています。

ウイスキーの製造

先述したように、原料や製法、生産地によってウイスキーはいくつかのタイプに分かれます。ここでは、大麦麦芽のみで造る「モルトウイスキー」の製造工程から、どのようにウイスキーが造られるのか見ていきましょう。

製　麦

大麦を発芽させ、大麦麦芽（モルト）をつくる作業。水に浸したり、抜いたりを繰り返した後、撹拌して空気を入れながら発芽を促します。発芽が進み過ぎるとデンプンが消費されてしまうので、ある程度発芽したら乾燥室へ。乾燥する際にピート（泥炭）を焚くと、麦芽にスモーキーな香りが付きます。蒸溜所で行わず、製麦の専門業者「モルトスター」に外注するのが一般的です。

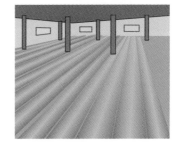

糖　化

穀物はそのままだとアルコール発酵しないため、糖化が必要。大麦のデンプンを糖に変えて、発酵に必要な麦汁を得ます。粉砕した麦芽（グリスト）とお湯を糖化槽（マッシュタン）で撹拌して麦汁を取り出し、さらに温度を上げたお湯を注いで同じ作業を繰り返します。麦汁の搾りかす（ドラフ）が糖化槽の底に残りますが、牛の飼料などに有効活用されています。

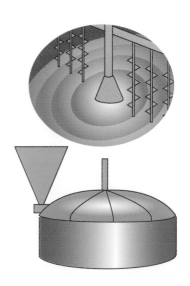

発 酵

冷却した麦汁を発酵槽（ウォッシュバック）に移して、酵母を加えます。酵母が糖を食べてアルコールと炭酸ガスを生成し、アルコール度数7〜9%のモロミに。発酵によりさまざまな香気成分が生まれ、ウイスキーの風味に影響を与えます。発酵時間が長いとモロミの酸が強くなり、軽くすっきりとした風味のウイスキーに仕上がります。

蒸 溜

モロミを単式蒸溜器（ポットスチル）に移して加熱し、水とアルコールの沸点の違い（アルコールは約78.3度で沸騰する）を利用して沸点の低いアルコールを先に蒸発させます。その蒸気を冷却して液体に戻し、アルコール度数を高めるのが蒸溜の仕組み。基本的に初溜と再溜の2回蒸溜を行い、アルコール度数を65〜70%まで上げます。（一方、グリーンウイスキーは連続式蒸溜機にモロミを連続的に投入して、短時間でアルコール度数を95%近くまで上げることができます）

熟 成

無色透明の蒸溜液に水を加えてアルコール度数を調整し、樽に詰めて熟成します。長い間、樽に寝かされた蒸溜液は木材からの香りや色素を纏いながら、まろやかで芳醇な琥珀色のウイスキーへと変化します。使用する樽の種類や大きさ、熟成庫の環境や配置、熟成期間によってウイスキーの風味や色合いは異なってきます。

ボトリング

樽によってウイスキーの個性が異なるため、通常は複数の樽を混ぜます。その後、加水してアルコール度数を40〜46%程度に調整し、ボトリング。ひとつの樽のみからボトリングしたものは「シングルカスク」、加水せずにボトリングしたものは「カスクストレングス」と呼ばれます。

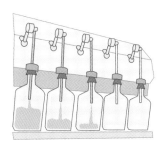

代表的な
ウイスキーカクテル7

- ウイスキー ソーダ
- ウイスキー サワー
- オールド ファッションド
- ブールヴァルディエ
- マンハッタン
- ニューヨーク
- アイリッシュ コーヒー

ウイスキーソーダをはじめ、国内外でよく飲まれている7種類のウイスキーカクテルを3名のバーテンダーさんに作って頂きました。作り手によってウイスキーの銘柄、副材料、分量、工程が異なり、それぞれの考え方、個性が表れるのが興味深いところ。同じカクテルをいろいろなバーで飲み比べていくと、いつか自分好みの一杯に出会えるはずです。

- 特に記載のない場合、ボトルは常温、ソーダは冷蔵、レモンやライムはフレッシュジュースを使用しています。
- ダブルストレイン：ストレーナーのあるシェーカーから液体を注ぐ際、さらに漉し器を使って漉すこと。
- スワリング：液体を注いだグラスの底を持って、くるくると回転させること。
- リンス：グラスの内側をリキュールなどの材料で濡らして、香りづけすること。水や炭酸で氷の表面を洗うことも指す。
- 材料の単位
  1tbsp（テーブルスプーン）＝約15ml（大さじ1杯）
  1tsp（ティースプーン）＝約5ml（小さじ1杯）
  1dash（ダッシュ）＝約1ml（ビターズボトルをひと振りした量）
  1drop（ドロップ）＝約1/5ml（ビターズボトルを逆さにした際、自然に落ちる1滴）

Bar SALVAdOR

鈴木　裕介 氏

1995年、中野「サントリージガーバー銀馬車」でバーテンダーとしてのキャリアをスタート。その後、赤坂と池袋のバーを経て1999年に西新宿の「Bar Argyll」を立ち上げ、店長を務める。2005年、独立して「Bar SALVAdOR」をオープン。「涼夕」代表、グラスコレクター。モルトウイスキーやグラスのプロデュースを手掛ける。茶道会館で茶道、白紙舎で陶芸を学ぶ。

Bar SALVAdOR
東京都新宿区高田馬場1-29-6
野菊ビル 2F
03-3204-7222

BAR AVANTI

岡﨑　ユウ氏

体育大学を卒業後、幼稚園の体操の先生を経て
2003年より銀座「毛利バー」の毛利隆雄氏に師
事。2007年、「マリーブリザール カクテルコンペティ
ション」で優勝、フランス大会へ。2009年には「ハ
バナ モヒート コンテスト」で優勝し、キューバ大会
へ出場する。翌年、「BAR AVANTI」をオープ
ン。その後も国際大会で優勝するなど、数々の大
会で受賞している。

BAR STING

深澤　篤志氏

長野県松本市出身。父親が寿司職人だった影響
で自分の店を持ちたいと上京し、1995年に新宿の
「BAR Refrain」へ入店。その後、横浜・中華街の
バー「ケーブルカー」、新宿の「rit bar」で勤務し、
いずれもチーフバーテンダーを務める。2005年、独
立して「BAR STING」をオープン。1930年頃の
アメリカをモチーフにしたアールデコを取り入れた内
装で、スタンダードカクテルを中心に提供している。

BAR AVANTI
東京都中央区銀座8-5-13
マキシ・ド・ビル 4F
03-3571-7885

BAR STING
東京都新宿区新宿3-8-2
クロスビル 3F
03-3341-8641

ウイスキー ソーダ
Whisky & Soda

ハイボールの名で親しまれている、ウイスキーのソーダ割り。シンプルなレシピのため、ベースとなるウイスキーの個性がより表れます。爽やかにゴクゴク飲みたい、スモーキーな香りをじっくり味わいたいなど、その時の気候や気分によってウイスキーの種類で手軽に変化をつけられる一杯。氷にあてないようにソーダを注いで、混ぜ過ぎないのがポイント。炭酸が飛ぶのを抑えられ、あのシュワシュワ感が続きます。

基本レシピ

材料

ウイスキー ……………………………… 30〜45ml
ソーダ ……………………………………… 適量

作り方

❶ タンブラーに氷を入れて、ウイスキーを注ぐ。

❷ ソーダで満たして、軽く混ぜる。

Bar SALVAdOR

材料

スコッチウイスキー（オルトモア 12年） ………………… 30ml
ソーダ（K-Price おいしい炭酸水） ………………… 適量

作り方

❶ タンブラーに氷を入れて、ウイスキーを注ぐ。

❷ ソーダを加えて、軽く混ぜる。

ポイント

・ オルトモア 12年は、スコットランド・スペイサイドのシングルモルト。ノンピートでフレッシュ、レモンのようなシトラス風味があり、ライトなハイボールに仕上がる。

・ ソーダはペットボトルだが、充分に強炭酸なので採用。飲みやすくするため、やや多めに入れている。

・ ベースとして、ほかに「グレングラント」「オールドプルトニー」といったシングルモルトを選ぶことも。えぐ味が出るシェリーカスクは使わない。

BAR AVANTI

材料

スコッチウイスキー (ジョニーウォーカー ブラックラベル 12年)

　　　　　　　　　　　　　　　　　　　　　　　　45ml

ソーダ (ウィルキンソン タンサン) ············· 適量

作り方

❶ タンブラーに一本氷を入れる。

❷ ステアしてグラスを冷やし、水分を切る。

❸ ウイスキーを注ぐ。

❹ 氷とグラスの隙間からソーダを注ぎ、軽く混ぜる。

ポイント

・ 複雑で奥行きがあり、バランスのとれたジョニ黒がベース。ソーダで割ると、甘さと爽やかさが見事に調和する。鼻から抜けるスモーキーな香りが心地良く、杯を重ねたくなる。

・ 工程❸でウイスキーを注いだ後によくステアして冷やし、馴染ませるとスムースで飲みやすいハイボールに。

・ 爽やかなハイボールなら「グレングラント」、スモーキーなハイボールなら「キルホーマン」「ラフロイグ」など、目指す味わいによってベースを変えることも。

BAR STING

材料

スコッチウイスキー (ジョニーウォーカー ブラックラベル 12年)

　　　　　　　　　　　　　　　　　　　　　　　　30ml

ソーダ (ウィルキンソン タンサン) ············· 90ml

作り方

❶ タンブラーに氷を2個入れて軽く混ぜ、グラスと氷の温度差を整える。

❷ ウイスキーを氷にあてないよう静かに注ぎ、ステアする (ウイスキーの温度をソーダと同じくらいに下げる)。

❸ 氷にあてないようにソーダを注ぎ、バースプーンで氷を持ち上げて一回転させる。

ポイント

・ ジョニ黒はオレンジやシトラスの香りとスモーキーさを併せ持つ、バランスのとれたウイスキー。ソーダで割るとスモーキーながら甘味のある豊かな味わいが伸び、奥行きが出る。

・ ウイスキー、ソーダ、氷の温度差がないと均一に混ざりやすくなる。氷にあてないようにウイスキーを注ぐのは、氷が急激に融けることなくウイスキーの風味や濃度を楽しめるため。

・ ソーダの酸とは別の酸味が立つシェリー樽のウイスキーは、指定がない限りベースには選ばない。食後には、ピーティなウイスキーのソーダ割りをお薦めすることも。

ウイスキー サワー
Whisky Sour

「サワー」と聞くと、レモンサワーなどの居酒屋メニューが思い浮かぶかもしれません。サワーはスピリッツをベースにレモンジュースと糖分で甘酸味を加えて作るスタイルのことで、炭酸は入らないのが一般的。甘味と酸味のバランス、糖分に何を用いるかで仕上がりは大分異なってきます。シンプルに味わって頂きたいという理由により、3名ともガーニッシュなしでした。

基本レシピ

材料

ウイスキー	30〜45ml
レモンジュース	20ml
砂糖	1tsp

ガーニッシュ

オレンジスライス	1枚
マラスキーノチェリー	1個

作り方

❶ 材料をシェイクして、グラスに注ぐ。
❷ ガーニッシュを飾る。

Bar SALVAdOR

材料

スコッチウイスキー（カティサーク オリジナル）	30ml
レモンジュース	30ml
蜂蜜	1tsp

作り方

❶ 材料をシェイクして、カクテルグラスに注ぐ。

ポイント

・ベースは主張せず、スムースで軽く爽やかなカティサーク。
・レモンの量を多めにし、シロップではなく蜂蜜を加えて甘酸味のバランスが良い"蜂蜜レモン"のイメージに。
・じっくり飲むというより、口直しでさくっと飲めるような味わい。小さなリキュールグラスで提供しても。

BAR AVANTI

材料
スコッチウイスキー（ホワイトホース 12年）　　　　50ml
レモンジュース　　　　　　　　　　　　　　　17ml
シンプルシロップ（マリーブリザール シュガー・ケーン・シロップ）
　　　　　　　　　　　　　　　　　　　　　10ml

作り方
❶ 材料をシェイクして、バルーングラスにダブルストレイン。

ポイント
・ ホワイトホース 12年は冷やすと甘味が増してスモーキーさ
　が落ち着き、余韻でほのかにピートを感じる。ウイスキーの
　風味を残しつつ、甘酸味のバランスをとるようなカクテルに
　使いやすい。
・ 大きい氷1個と、液体に取り込む水分量として小さい氷2個を
　使い、叩くようにシェイク。細かい気泡をたくさん作り、充分
　に空気を含ませながら香りを広げる。
・ 茶こしで氷片を取り除き、滑らかな口当たりに。

BAR STING

材料
スコッチウイスキー（ジョニーウォーカー ブラックラベル 12年）
　　　　　　　　　　　　　　　　　　　　　45ml
レモンジュース（搾りたて）　　　　　　　　　　15ml
シンプルシロップ（カリブ）　　　　　　　　　　5ml

作り方
❶ カクテルグラスを冷凍庫で冷やす。
❷ シェーカーにシンプルシロップ、レモンジュース、ウイス
　キーの順番で入れる。
❸ バースプーンでステアして香りを出し、味を確かめる。
❹ シェイクして、❶に注ぐ。

ポイント
・ 甘味と酸味が調和しつつ、ウイスキーの風味が引き立つ味
　わいを目指す。よく冷えて、キュッと締まった爽やかな一杯。
・ 新鮮な酸味と風味を保てるよう、レモンジュースは搾り置き
　せずに搾りたてを使う。工程❷の順で入れるのは、レモンの
　状態で味のバランスをコントロールしやすいから。
・ ガーニッシュにマラスキーノチェリーは使わない。甘さと香り
　を加えられるが、よりシンプルにウイスキーサワーのフルー
　ティな味わいを楽しんで頂くため。

オールド ファッショッンド
Old fashioned

カクテルは完成したものを提供するのが一般的ですが、オールド ファッションドに関しては「どのくらい角砂糖を潰し、ウイスキーを注いだ後に混ぜるか」が作り手によって分かれます。ほぼ手を加えずに提供し、飲む人がマドラーで角砂糖やフルーツを潰して自分好みの味に調整するクラシックスタイルの一方で、予め果汁を加えたり、ある程度混ぜてから提供することも。ビターズやガーニッシュも、考え方によりそれぞれ異なります。

基本レシピ

材料

ライウイスキーまたはバーボンウイスキー	45ml
アンゴスチュラ ビターズ	2dashes
角砂糖	1個

ガーニッシュ

オレンジスライス	1枚
レモンスライス	1枚
マラスキーノチェリー	1個

作り方

❶ オールドファッションド グラスに角砂糖を入れて、ビターズを振りかける。

❷ 氷を加えて、ウイスキーを注ぐ。

❸ ガーニッシュを飾り、マドラーを添える。

Bar SALVAdOR

材料

バーボンウイスキー（ウッドフォードリザーブ）	45ml
角砂糖	1個
アボッツビターズ（ボブズ）	2dashes

ガーニッシュ

オレンジスライス、ライムスライス、レモンスライス

各1枚

作り方

❶ オールドファッションド グラスに、ビターズを振りかけた角砂糖を入れる。

❷ 氷を加えてガーニッシュを飾り、マドラーを添える。

❸ ウイスキーを注ぐ。

ポイント

・ 角砂糖をペストルで潰したり、ウイスキーを注いだ後に混ぜたりしない。お客さまの好みで潰したり、混ぜたりして飲んで頂く。

・ 3回蒸溜で、クリアな味わいのウッドフォードリザーブがベース。フルーツとの相性が良く、口当たりがあまり重くならない。

・「ミクターズライ」「メーカーズマーク」をベースに用いることも。

BAR AVANTI

材料
バーボンウイスキー（ウッドフォードリザーブ）	50ml
角砂糖（小さめのもの）	2個
アンゴスチュラ ビターズ	7dashes
桜ビターズ（ジャパニーズビターズ）	2drops
ソーダ（ウィルキンソン タンサン）	少量

ガーニッシュ
オレンジスライス	2枚

作り方
❶ オールドファッションド グラスに角砂糖を入れる。

❷ 角砂糖にアンゴスチュラ ビターズと桜ビターズを浸すようにかける。

❸ ソーダを注いでマドルし、ウイスキーを加えて全体を馴染ませる。

❹ 氷を入れて、オレンジスライスを飾る。

ポイント
・ ウイスキーロックの延長ではなく、ビターカクテルのひとつと捉える。ビターズを効かせて、骨格のある味わいに。

・ 桜ビターズを少量加えてふくよかな甘味をまとわせることで、ひと口目から最後まで味わいの変化が楽しめる。

・ ウッドフォードリザーブは、しっかりとしたボディながら口当たりがまろやか。副材料と合わせるとその存在感をきちんと出してくれるため、カクテルベースとして理想的。

BAR STING

材料
バーボンウイスキー（ウッドフォードリザーブ）	45ml
角砂糖	1個
アンゴスチュラ ビターズ	2dashes
オレンジジュース	2drops
レモンジュース、ライムジュース	各1drop

ガーニッシュ
カットオレンジ、カットレモン、カットライム	各適量

作り方
❶ 角砂糖にアンゴスチュラ ビターズを振りかけ、バルーングラスに入れる。

❷ 残りの材料を加え、スワリングしながら角砂糖を溶かす。

❸ ロックグラスに大きめの氷を1個入れて、❷を注ぐ。

❹ ガーニッシュを飾る。

ポイント
・ ウッディでスムース、バニラやキャラメルっぽい甘さがあり、雑味のないクリーンな味わいのウッドフォードリザーブがベース。

・ ステアではなくスワリングでウイスキーとフルーツの香りを出しつつ、角砂糖を適度に溶かして甘味を均一に広げる。味を調整しながら飲めるよう、あえて作り込み過ぎない。

・ オレンジ、レモン、ライムのジュースを少量加え、軽い酸味とフルーティな要素を付加する。複雑さや味わいの奥行きが増し、甘酸味のバランスが生まれる。

ブールヴァルディエ
Boulevardier

ジンベースのクラシックカクテル「ネグローニ」のバーボン版として、海外で人気を誇る一杯。その名は"伊達男"を表します。バーボンとスイートベルモットはどの銘柄を選択するか、引き立たせたいフレーバーは何かによってガーニッシュなどに変化が。バーボンよりスパイシーな、ライウイスキーを用いる場合もあります。同じ比率でライウイスキー、ドライベルモット、カンパリをステアすると「オールドパル」に。

基本レシピ

材料

バーボンウイスキー	20ml
スイートベルモット	20ml
カンパリ	20ml

ガーニッシュ

オレンジピール	1片

作り方
❶ 材料をステアして、氷を入れたロックグラスに注ぐ。
❷ オレンジピールをかける。

Bar SALVAdOR

材料

バーボンウイスキー（ブレット バーボン）	20ml
スイートベルモット（チンザノ ベルモット ロッソ）	20ml
カンパリ	20ml

ガーニッシュ

オレンジピール	1片

作り方
❶ 材料を瓶に入れて、冷蔵庫で1週間ほど寝かせる。
❷ 氷を入れたロックグラスに❶を注ぎ、オレンジピールを飾る。

ポイント
・ 瓶で寝かせると味が落ち着き、スピーディに提供できる。ジンベースのカクテル「ネグローニ」も同様。
・ ブレット バーボンはバランスが良く、滑らかでカクテルに使いやすい。入手できれば、ライ麦比率の高い「ブレット ライ」を用いる。
・ オレンジピールがチンザノやカンパリの風味を際立たせる。

BAR AVANTI

材料
バーボンウイスキー（ミクターズ US★1）·········· 20ml
スイートベルモット（カルパノ アンティカ フォーミュラ）···· 20ml
カンパリ·············· 20ml
アンゴスチュラ ビターズ·············· 2dashes

ガーニッシュ
オレンジスライス ·············· 2枚

作り方
❶ ミキシンググラスに氷と水を入れてステアし、氷の角を取ってしっかりと水を切る。
❷ アンゴスチュラ ビターズ、ウイスキー、ベルモット、カンパリの順に注いでステアする。
❸ 氷を入れたオールドファッションド グラスに注ぐ。
❹ オレンジスライスを飾る。

ポイント
・ 力強いが口当たりは優しく温かみがあり、芳醇な甘味を持つミクターズをベースに選択。重厚なボディのスイートベルモットに負けず、飲みごたえのある一杯になる。
・ 比重の軽いものから注ぐと、混ざりやすくなる。穏やかな加水速度で、ゆっくりと材料を練り込むようにステア。アンゴスチュラ ビターズを入れるのは、味わいを引き締めるため。
・ バニラやアプリコットの香りがあるミクターズ、カンパリ共に相性の良いオレンジスライスをガーニッシュに。

BAR STING

材料
バーボンウイスキー（ウッドフォードリザーブ）·············· 20ml
スイートベルモット（カルパノ アンティカ フォーミュラ／冷蔵）
·············· 20ml
カンパリ·············· 20ml
ピーチリキュール（アラン・ヴェルデ クレーム・ド・ペシェ）···· 1tsp
桃のドライフルーツ·············· 1枚

ガーニッシュ
ディル·············· 1枝

作り方
❶ バルーングラスに材料を入れて、スワリングする。
❷ ロックグラスに大きめの氷を1個入れて、❶を静かに注ぐ。
❸ ディルを叩いて香りを出し、グラスに飾る。

ポイント
・ バルーングラスを用いてスワリングし、香りを立たせながら混ぜる。
・ ウッドフォードリザーブのフルーティさには、桃のニュアンスを感じる。ピーチリキュールと桃のドライフルーツを加えて、さらに豊かな風味を作る。
・ カクテルの甘さを爽やかに引き締めるディルをガーニッシュに。ミントやレモンバームでも。

マンハッタン
Manhattan

"カクテルの女王"と呼ばれるマンハッタン。マティーニ同様、ステアの速度や回数が風味に大きく影響を与えます。品種によって味わいにかなりの差が出るチェリーも、ガーニッシュとして大事な要素。ドライベルモットを使って辛口に、カナディアンウイスキーをベースにしてライトな口当たりにすることも。ベースをスコッチウイスキーに変えると「ロブロイ」になります。

基本レシピ

材料

ライウイスキーまたはバーボンウイスキー	45ml
スイートベルモット	15ml
アンゴスチュラ ビターズ	1dash

ガーニッシュ

マラスキーノチェリー	1個

作り方

❶ 材料をステアして、カクテルグラスに注ぐ。

❷ マラスキーノチェリーを飾る。

Bar SALVAdOR

材料

バーボンウイスキー（I.W.ハーパー 12年）	45ml
スイートベルモット（チンザノ ベルモット ロッソ）	15ml
アボッツビターズ（ボブズ）	1dash

ガーニッシュ

チェリー	1個

作り方

❶ 材料をステアして、カクテルグラスに注ぐ。

❷ チェリーを飾る。

ポイント

・ 初夏には、フレッシュのアメリカンチェリーをガーニッシュにしている。無くなったら、グリオッティンチェリーに。

・ マイルドでとろっとした味わいのマンハッタンに仕上げるため、I.W.ハーパー 12年を選択。アルコールの角が取れた、落ち着きのある味わい。

・ ビターズは、深みと品を感じるアボッツを。

BAR AVANTI

材料
バーボンウイスキー（ノブ クリーク）	50ml
スイートベルモット（カルパノ アンティカ フォーミュラ）	20ml
アンゴスチュラ ビターズ	1dash

ガーニッシュ
マラスキーノ チェリー	1個
グリオッティン チェリー	1個
オレンジピール	1片

作り方
❶ スニフターグラスに材料を入れて、スワリングする。

❷ ミキシンググラスに氷と水を入れてステアし、氷の角を取ってしっかりと水を切る。

❸ ❶を❷に移してステアし、常温のカクテルグラスに注ぐ。

❹ チェリーを飾り、オレンジピールをかける。

ポイント
・ スワリングで香りを引き出し、一体化させる。また、香りを楽しめるように最小限のステアで冷え過ぎを防ぐ。

・ 冷えたグラスにカクテルを注ぐと、グラスの冷たさからカクテルがぬるく感じてしまうため常温で。

・ 2種類の異なるチェリーを用いることで、味わいの変化を楽しめる。

BAR STING

材料
ライウイスキー（テンプルトン ライ 6年）	45ml
スイートベルモット（カルパノ アンティカ フォーミュラ／冷蔵）	15ml
アンゴスチュラ ビターズ	1dash

ガーニッシュ
アマレーナチェリー（ファッブリ）	1個
オレンジピール	1片

作り方
❶ バルーングラスに材料を入れて、スワリングする。

❷ ミキシンググラスに氷を2個入れて、スイートベルモット（分量外）でリンスする。

❸ 氷にあてないよう、❶を❷へ静かに注ぐ。

❹ ゆっくりとステアしながら、温度を徐々に下げていく。

❺ 常温のグラスに注いでチェリーを沈め、オレンジピールをかける。

ポイント
・ ライ麦の酸味と甘味、スパイシーさがあるテンプルトンは、マンハッタンのベースに使うとそのキャラクターがしっかりと感じられる。オレンジピールで香りと軽やかなアクセントを加え、テンプルトンの酸味を引き出す。

・ ゆっくりステアすると、温度が均一に下がる。急激な温度変化は、熟成したウイスキーの酸味が立ちやすい。

・ 冷やしたグラスが先に唇にあたるとカクテルがぬるく感じてしまうので、常温のグラスに注ぐ。また、常温のグラスはカクテルの香りがより際立つ。

ニューヨーク
New York

グレナデンシロップの量でカクテルの色が変化し、赤っぽい色にも近づけることができるニューヨーク。ザクロの旬である9〜11月には自家製でグレナデンシロップを作ったり、フレッシュを搾るお店もあり、その風味や色合いを一段と楽しめます。フレッシュのザクロを使う場合は、その状態によってライムジュースや糖分のバランスを調整します。

基本レシピ

材料
ライウイスキーまたはバーボンウイスキー	45ml
ライムジュース	15ml
グレナデンシロップ	½tsp
砂糖	1tsp

ガーニッシュ
オレンジピール	1片

作り方
❶ 材料をシェイクして、カクテルグラスに注ぐ。
❷ オレンジピールをかける。

Bar SALVAdOR

材料
バーボンウイスキー（ブレット バーボン）	45ml
ライムジュース	15ml
グレナデンシロップ（モナン）	1tsp

作り方
❶ 材料をシェイクして、カクテルグラスに注ぐ。

ポイント
・ 滑らかなブレット バーボンをベースに用いて、柔らかい味わいのニューヨークに。
・ ザクロの旬には、その場で搾ったフレッシュのザクロジュースとグレナデンシロップを併せて使う。グレナデンシロップのケミカルさが消えて、より美味しくなるため。
・ グレナデンシロップを入れるので、シンプルシロップは特に必要としない。

BAR AVANTI

材料
ライウイスキー（オールド オーバーホルト） ················ 45ml
ライムジュース ······················· 15ml
グレナデンシロップ（モナン ポムグレナートシロップ） ······ 1tsp
シンプルシロップ（マリーブリザール シュガー・ケーン・シロップ）
··················· 5ml

作り方
❶ 材料をシェイクして、カクテルグラスにダブルストレイン。

ポイント
・ 穀物系の甘味、ライ麦由来のスパイシーさやシトラスの爽や
　かさがあるオールド オーバーホルト。ライウイスキーの風味
　を残しつつも重くならないので、甘酸っぱく仕上げたいカク
　テルのベースに適している。
・ グレナデンシロップは、色合いのために少量使う。甘味のバ
　ランスをとるのは、シンプルシロップ。
・ ザクロの時期は、入手できればフレッシュのザクロをその場
　で搾り、シロップを合わせて作る。ザクロの状態により、シ
　ロップの量を調整する。

BAR STING

材料
ライウイスキー（オールド オーバーホルト） ················ 45ml
ライムジュース（搾りたて） ······················· 15ml
シンプルシロップ（カリブ） ··················· 1tsp
グレナデンシロップ（エトナ） ··················· ½tsp

作り方
❶ カクテルグラスを冷凍庫で冷やす。
❷ シェーカーにグレナデンシロップ、シンプルシロップ、ライ
　ムジュース、ウイスキーの順番で入れる。
❸ バースプーンでステアして香りを出し、味を確かめる。
❹ シェイクして、❶に注ぐ。

ポイント
・ オールド オーバーホルトはライウイスキーの中でも軽くフ
　ルーティな香りを持ち、穏やかな味わい。ライムジュースの
　青い酸味と相性が良く、爽やかに仕上がる。
・ 工程❷の順番で材料を入れると、ライムの状態により味のバ
　ランスをコントロールしやすい。
・ ザクロの旬にはフレッシュのザクロを搾り、30mlほどしっか
　りと入れてフレッシュフルーツのカクテルに。ザクロの状態
　により、甘酸味のバランスを考慮してライムとシロップの量
　を調整する。

アイリッシュ コーヒー
Irish Coffee

材料すべてにおいてさまざまな選択肢が
あり、バリエーションに富んだカクテル。特に
コーヒーは濃厚なタイプを用いることが多い
ため、アイリッシュウイスキーとの相性がポイ
ントです。生クリームも植物性ならさっぱりと
軽く、動物性ならコクのある印象に。スコッチ
ウイスキーをベースにすると「ゲーリック コー
ヒー」に名前が変わります。暑い日には、冷
たいアイリッシュ コーヒーもお薦めです。

基本レシピ

材料

アイリッシュウイスキー	30ml
コーヒー(ホット)	適量
砂糖(ブラウンシュガー)	1tsp
生クリーム	適量

作り方

❶ 温めた耐熱グラスに砂糖を入れて、コーヒーを7分目
まで注ぐ。

❷ ウイスキーを加えて、軽く混ぜる。

❸ ホイップした生クリームをフロートする。

Bar SALVAdOR

材料

アイリッシュウイスキー(ティーリング シングルモルト)	40ml
エスプレッソ(スターバックス コーヒー ハウス ブレンド)	適量
シンプルシロップ(カリブ)	1tsp
生クリーム(植物性)	適量

作り方

❶ 陶器にウイスキー、シロップ、エスプレッソの順番で入れ
て、混ぜる。

❷ 軽くホイップした生クリームをフロートする。

ポイント

・ コーヒーと比べて濃厚なエスプレッソを使い、クリーミーな
味わいに。

・ アイリッシュウイスキーはライトなタイプが多いため、エスプ
レッソに負けないシングルモルトのティーリングを採用。

・ 動物性の生クリームのほうがコクはあるが、日持ちして使い
やすいのは植物性。

BAR AVANTI

材料

アイリッシュウイスキー（ジェムソン ブラックバレル） …… 40ml
エスプレッソ（インドネシアとブラジル豆のブレンド） …… 適量
ブラウンシュガー …… 5ml
生クリーム（動物性と植物性を混ぜたもの） …… 適量
塩 …… 少量

作り方

❶ 生クリームに塩を加えてホイップし、冷やしておく。

❷ カップにブラウンシュガーとウイスキーを入れ、火をつけて
温める。

❸ 熱々のエスプレッソで満たして混ぜ、生クリームをフロート
する。

ポイント

・ ウイスキーとエスプレッソの温かさと苦味、生クリームの冷
たさと甘味が口の中で混ざり合うのを楽しむカクテル。

・ 深煎りで仕上げたコーヒー豆はコクがあり、後味にほどよい
甘さを感じる。濃いめのコーヒーを用いたいアイリッシュコー
ヒーに最適。

・ 生クリームは動物性だけだと濃厚でコクがあるが重たく、植
物性だけだと軽やかだが濃いめのコーヒーに負けてしまうた
め、程よい分量で合わせている。また、塩を少し加えるとそ
の甘味が引き立つ。

BAR STING

材料

アイリッシュウイスキー（タラモアデュー 14年 シングルモルト）
…… 30ml
コーヒー（フレンチロースト マンデリン） …… 120ml
グラニュー糖 …… 1.5tsp
生クリーム（動物性） …… 20ml

作り方

❶ 耐熱グラスにお湯（分量外）を注いで温め、生クリームを7
分立て程度に泡立てておく。

❷ グラスが温まったらお湯を捨て、グラニュー糖とウイスキー
を入れて軽く混ぜる。

❸ コーヒーを加えてグラニュー糖を溶かし、軽く混ぜる。

❹ 生クリームをフロートする。

ポイント

・ 世界で最もアイリッシュコーヒーが飲まれるという、アメリカ・
サンフランシスコの「ブエナ・ビスタ・カフェ」でベースに選ば
れているのがタラモアデュー。コーヒーの風味をしっかりと
受け止められるウイスキー。

・ 濃厚で、ビターチョコレートのようなフレーバーがあるフレン
チローストのマンデリンを採用。ウイスキーと合わせると、深
みが増す。

・ 生クリームは、ウイスキーとコーヒーの風味に負けない動物
性のものを。

Whisky Cocktails I

BAR BARNS
Toru Hirai

オールドプルトニー 12年　OLD PULTENEY AGED 12 YEARS

グレンアラヒー 8年　THE GLENALLACHIE AGED 8 YEARS

OLD PULTENEY
AGED 12 YEARS
オールドプルトニー 12年

生産地：スコットランド・ハイランド（シングルモルト）
アルコール度数：40%　容量：700ml
輸入元：三陽物産

海岸沿いの町で造られる海のモルト

グレートブリテン島の北端、ウィックで資産
家のウィリアム・プルトニー卿が港の整備を
計画、やがてニシン漁で栄えたことからプ
ルトニータウンと呼ばれるようになった場所
に建設されたプルトニー蒸溜所。1826年に
ジェームズ・ヘンダーソン氏が設立し、当時
は陸路がなかったためウイスキーの出荷は
船に頼っていたという。甘くクリーミーでオイ
リー、フレッシュな塩味を感じる"海のモルト"。

Bartender's
Impression

「副材料で割った際、口に含んだ瞬間のビター感をどう抑えるか、もしく
は活かすかがポイントです。抑えるならリンゴ系やピーチネクターなどの
桃系、活かすならクローブやシナモンを。甘さを加えたシトラス系を合わ
せたり、紅茶やヨーグルト、バニラアイスなどで伸ばしてみるのも良いで
すね。ソーダ割りは、爽やかな塩味を感じて美味。ストレートならリンゴの
チップス、フレッシュ（若めの熟成）な白カビタイプのチーズに蜂蜜をかけ
て（お好みで+ブラックペッパー）合わせるのがお薦めです」（平井さん）

プルトニー レモンティー & ソーダ

Pulteney Lemon Tea & Soda

スリランカの茶葉「ヌワラエリア」を使って
つくられる午後の紅茶。その香りはフラワ
リーやフルーティと表現され、オールドプル
トニー 12年のフルーティさとマッチします。
工程❷で混ぜる時は、1回未満の軽いス
テアで。

材料

オールドプルトニー 12年	30ml
レモンティー（午後の紅茶）	30ml
ソーダ（激烈炭酸）	75ml

作り方

❶ 氷を入れたタンブラーにオールドプルトニー12年と
レモンティーを注いで、ステアする。

❷ ソーダを加えて、軽く混ぜる。

プルトニー レモンティー

Pulteney Lemon Tea

先のハイボールからソーダを省いたシンプルな一杯。バランスが良く、飽きずに飲める組み合わせです。オールドプルトニーを1に対して「午後の紅茶 レモンティーホット」を6で混ぜて、レモンスライスを入れるとホットカクテルとしても楽しめます。

材料

オールドプルトニー 12年	25ml
レモンティー（午後の紅茶）	110ml

作り方

❶ 氷を入れたタンブラーにオールドプルトニー 12年、レモンティーの順番で注いで軽くステアする。

プルトニー ネイル
Pulteney Nail

フルーティな甘味とオールドプルトニー由来のスパイシーさを持つリキュールを使って、「ラスティネイル」をツイストしました。オールドプルトニー 12年とリキュールをお好みの割合（2〜6：1）でロックスタイルにして、別のグラスにチェイサーとしてレモンティーを注いでも。

材料

オールドプルトニー 12年	30ml
オールドプルトニー ストローマ・リキュール	10ml
レモンティー（午後の紅茶）	20ml

作り方

❶ シェーカーのボディなどに材料を入れて、（氷無しで）ステアする。

❷ 氷を入れたロックグラスに注ぎ、軽く混ぜる。

プルトニー 桃と林檎の香り
Pulteney the scent of peaches and apples

まず、テイスティングするように召し上がってみて
ください。その後、工程❶で別のグラスへ移した
ジュースをテイスティンググラスに少しずつ加えて
いきます。または、はじめからすべての材料をテイ
スティンググラスに入れて、スワリングしてもかまい
ません。オールドプルトニー 12年に青リンゴや桃
のフレーバーを感じたことから考えた飲み方です。

材料

オールドプルトニー 12年	15ml
ピーチジュース（不二家 ネクターピーチ）	15ml
青リンゴジュース（山下屋荘介 王林りんごジュース）	10ml

作り方

❶ テイスティンググラスにピーチジュースと青リンゴ
ジュースを入れてリンス（グラスの内側をジュースで
濡らして、香りづけする）し、別のグラスへ移す。

❷ リンスしたテイスティンググラスにオールドプルト
ニー 12年を注ぎ、スワリング（グラスの底を持って、
くるくると回転させる）する。

プルトニー ヨーグルト & バニラ
Pulteney Yogurt & Vanilla

フルーツとヨーグルト、バニラの甘酸っぱさの中に、オールドプルトニーが香るデザートカクテルです。少しアルコールが強いと感じる場合は、オールドプルトニー 12年とピーチジュース、青リンゴジュースを各20mlにすると飲みやすくなります。

材料
オールドプルトニー 12年	30ml
ピーチジュース（不二家 ネクターピーチ）	15ml
青リンゴジュース（山下屋荘介 王林りんごジュース）	15ml
ヨーグルト（明治プロビオヨーグルトLG21）	30g
アイスクリーム（ハーゲンダッツ バニラ）	30g

作り方
❶ 材料をブレンダーで撹拌して、冷やした大ぶりのカクテルグラスへ注ぐ。

THE GLENALLACHIE AGED 8 YEARS

グレンアラヒー 8年

生産地：スコットランド・スペイサイド（シングルモルト）
アルコール度数：46%　容量：700ml
輸入元：ウィスク・イー

名ブレンダーにより
目の目を見たシングルモルト

1967年創業の比較的新しい蒸溜所で、その近
代的な建物は設計技師として知られるウィリア
ム・デルメ・エヴァンス氏が手掛けた。ほとんどの
原酒がブレンド用に使われる希少な銘柄だった
が、現マスターディスティラーであり名ブレンダー
のビリー・ウォーカー氏が2017年に買収後、シン
グルモルトが出回るように。ヘザーハニーとバター
スコッチの香りに、シナモンとジンジャーのフレー
バーが広がる。

Bartender's
Impression

「コーヒー、チョコレート、シナモン、クッキー、ローストアーモンド、キャラメ
ル、レーズン、蜂蜜などと相性が良く、デザート系のカクテルに向いてい
るウイスキー。水割りにすると程よい甘味が広がり、オンザロックはシナ
モンやビターチョコ、バタースコッチのフレーバーを感じます。ストレート
で飲んでも美味しく、コーヒーやチョコレート、シナモン系のお菓子、クッ
キーなどと合うと思います」
（平井さん）

グレンアラヒー & コーヒー（豆）ハイボール
ロータスビスコフを添えて

GlenAllachie & Coffee (Beans) Highball
with Lotus Biscoff

コーヒー豆と、コーヒーによく合うベルギー
生まれのビスケット「ロータス ビスコフ」を
添えた、食後にも楽しめるシンプルなハイ
ボールです。ロータス ビスコフのカラメル
風味の甘さやシナモンの香りでより一層
美味しく召し上がれます。

材料
グレンアラヒー 8年 ……………………… 30ml
ソーダ（激烈炭酸）………………… 90〜105ml

ガーニッシュ
ローストしたコーヒー豆
（コロンビアスプレモ／フレンチロースト）……… 3〜5粒
ロータス ビスコフ ………………………… 2枚

作り方
❶ 氷を入れたタンブラーにグレンアラヒー 8年を注ぎ、
　ステアする。
❷ ソーダで満たして、軽く混ぜる。
❸ コーヒー豆を浮かべ、ロータス ビスコフを添える。

グレンアラヒー & アイスの実 濃いぶどう

GlenAllachie & Ice no Mi Rich Grape Flavored

アイスの実を溶かしつつ、つまみながら召し
上がって頂くカクテルです。フォークではなく、
あえて食べづらくするためにカクテルピンを
添えました。ウイスキーを冷凍庫または冷蔵
庫で冷やしておくと、アイスの実がゆっくり溶
けていき、時間をかけて楽しめます。グラス
もラップで包み、冷凍庫へ入れておけば余
計な香りが移らずに冷やせます。

材料

グレンアラヒー 8年 ………………………	適量
アイスの実 (濃いぶどう) …………………	適量

作り方

❶ よく冷やした小ぶりのグラスの底に、程よく収まる程
度のアイスの実を入れる。

❷ グレンアラヒー 8年を適量注ぎ、爪楊枝またはカク
テルピンを添える。

アラヒー ファーザー

Allachie Father

ウイスキーとアマレットをステアして作る
カクテル「ゴッドファーザー」をツイストし
ました。アルコール感が強いので、ミネ
ラルウォーターを10〜30ml加えてもバ
ランスが崩れることなく楽しめます。ま
た、アマレット5mlにコーヒーリキュール
10mlと比率を逆にしても、コーヒーの香
りが立って美味しいです。

材料

グレンアラヒー 8年	30ml
アマレット（ディサローノ）	10ml
コーヒーリキュール（ティアマリア コールドブリュー）	5ml

作り方

❶ 材料をステアして、氷を入れたロックグラスへ注ぐ。

アラヒー アフォガート

Allachie Affogato

イタリアのデザート「アフォガート」をグレンアラヒーで作りました。グレンアラヒー 8年とコーヒーを混ぜた時に大麦のフレーバーを感じたので、アイスの上に麦焦がしをのせています。召し上がりながら、お好みで余った麦焦がしを追加しても。

材料

グレンアラヒー 8年	15ml
コーヒー（ジョージア 香るブラック）	15ml
アイスクリーム（ハーゲンダッツ バニラ）	30g

ガーニッシュ

和三盆	2g
コーヒー（ジョージア 香るブラック）	12〜15ml
麦焦がし	10g
ローストしたコーヒー豆 （コロンビアスプレモ／フレンチロースト）	1粒

作り方

❶ 和三盆、コーヒー、麦焦がしを混ぜ、練ってスプーンで形を整える（柔らかい場合は、麦焦がしを少し加えて調整する）。※左記分量で3個分。

❷ アイスクリームを器に入れ、❶とコーヒー豆をのせる。

❸ グレンアラヒー 8年とコーヒーを混ぜて❷の器の縁から注ぎ、スプーンを添える。

グレンアラヒーの
コーヒーデザートカクテル
GlenAllachie Coffee Dessert Cocktail

ブレンダーを回す速度や時間で、ロータス
ビスコフのざっくりした食感の残り方が変わ
ります。なめらかな食感がお好みならロータ
ス ビスコフをミルサーなどにかけ、より細かく
してから加えるか、「ロータス ビスケット ス
プレッド スムース」を7 〜 10gで代用してみ
てください。

材料

グレンアラヒー 8年	30ml
コーヒー（ジョージア 香るブラック）	50ml
ロータス ビスコフ（細かく砕いたもの）	1枚
アイスクリーム（ハーゲンダッツ バニラ）	30g

ガーニッシュ

ローストしたコーヒー豆	
（コロンビアスプレモ／フレンチロースト）	3粒

作り方

❶ 材料をブレンダーで撹拌して、冷やした大ぶりのカク
テルグラスへ注ぐ。

❷ コーヒー豆を浮かべ、好みでスプーンを添える。

BAR BARNS

Bartender

平井　杜居

岐阜県出身。昼はサービス業、夜に飲食店のアル
バイトをしていた頃、お客に「ありがとう」と声をか
けられたことがきっかけでバーテンダーになろうと
決意する。名古屋のバーテンダースクールに通い、
錦の老舗バーで十数年勤務。同店のチーフ、マ
ネージャーを経て2002年3月に「BAR BARNS」
を開店する。クラシックカクテルや旬のフルーツを
使ったカクテル、ガーニッシュとして添える自家製
抜き型、九谷焼などの磁器グラスが好評。ほぼ毎
月、ウイスキーのテイスティング会やウイスキーと
フードのペアリングといったイベントを開催している。

BAR info

BAR BARNS 愛知県名古屋市中区栄2-3-32　アマノビルB1F　TEL:052-203-1114

Whisky Cocktails II

Dimples

Masako Ikegami

シーバスリーガル ミズナラ 12年 CHIVAS REGAL MIZUNARA AGED 12 YEARS

ウッドフォードリザーブ WOODFORD RESERVE

CHIVAS REGAL MIZUNARA AGED 12 YEARS

シーバスリーガル ミズナラ 12年

生産地:スコットランド(ブレンデッドウイスキー)
アルコール度数:40%　容量:700ml
輸入元:ペルノ・リカール・ジャパン

日本向けにブレンドされた特別な一本

1801年、アバディーンでシーバス兄弟が高級食料品店を開業。当初はウイスキーを樽ごと購入して販売していたが、後にそれらの樽をブレンドするようになり、シーバスリーガルが誕生した。このボトルは12年以上熟成された原酒を日本人の繊細な味覚に合わせてブレンド、その一部を日本原産のミズナラ樽でフィニッシュした日本向けの特別な一本。洋梨とオレンジのリッチでフルーティな香り、蜂蜜やヘーゼルナッツを思わせるまろやかな味わいが特徴だ。

Bartender's
Impression

「繊細でクリーミー、香木のような香りを感じるウイスキー。炭酸によって上がってくる香りをシンプルに楽しめるソーダ割りがお薦めで、多くのお客さまにも好まれている飲み方です。カクテルを作る場合は、ウイスキー本来の味が活かせるようお茶系などの優しい味わいのものを。ハーブやスパイスなら紫蘇や生姜、フルーツならシャインマスカットやライチ、柑橘系を合わせます」　　　　　　　　　　　　　　　（池上さん）

シークヮーサーと生姜のハイボール

Shikuwasa and Ginger Highball

シークヮーサーと生姜を使って、夏に飲み
たくなる爽やかなハイボールを作りました。
蜂蜜を入れていますが、もう少し甘味が欲
しい場合はソーダではなく7UPやサイダー
を加えても。シークヮーサー以外に酸味の
ある柑橘類で試してみてもいいですね。

材料

シーバスリーガル ミズナラ 12年	30ml
シークヮーサー ジュース（100%果汁）	20ml
生姜（チューブ）	約1cm
蜂蜜	1tsp
ソーダ（ウィルキンソン タンサン）	適量

作り方

❶ シークヮーサー ジュース、生姜、蜂蜜をタンブラーに
入れて、混ぜる。

❷ シーバスリーガルを注ぎ、氷とソーダを加えて混ぜ
る。

ハーブティーのフロートカクテル
Herb Tea Float Cocktail

ミズナラに感じる香木のような心地よい香りと、神秘的なイメージから創作した一杯です。爽やかな香りのレモングラスに、鮮やかな青色のバタフライピーを加えたハーブティーをフロートしました。徐々に下の層と混ざり、香りや色の変化が楽しめます。

材料

シーバスリーガル ミズナラ 12年	20ml
レモンジュース	5ml
ソーダ（ウィルキンソン タンサン）	60ml
トニックウォーター（フィーバーツリー）	60ml
ハーブティー（レモングラス バタフライピー／ガーデンティー）	適量

作り方

❶ タンブラーにハーブティー以外の材料と氷を入れて、軽く混ぜる。

❷ ハーブティーを浮かべる。

マーマレードとサワークリームのカクテル
Marmalade and Sour Cream Cocktail

タルティーヌやケーキなどに用いられる
マーマレードとサワークリームの組み合わ
せを活かして、フルーチェのようなデザー
トカクテルを作りました。フレッシュで爽や
かな甘酸味とほろ苦さを感じるセミフロー
ズン状の一杯です。

材料
シーバスリーガル ミズナラ 12年 ……… 20ml
グレープフルーツ ジュース ……… 60ml
マーマレードジャム ……… 大さじ1
サワークリーム ……… 大さじ2

ガーニッシュ
マーマレードジャム ……… 小さじ1

作り方
❶ 材料をブレンダーに入れて、撹拌する。

❷ 少量のクラッシュドアイスを加えて再び撹拌し、ソーサー型シャンパングラスに注ぐ。

❸ マーマレードジャムをのせる。

ライチと香ばしいナッツのカクテル
Lychee and Savory Nuts Cocktail

シーバスリーガル ミズナラ 12年のクリー
ミーな舌触りからヒントを得て、ヨーグルト
リキュールを合わせようと考えました。さら
にヨーグルトと相性の良いライチ、味わい
のアクセントとしてアマレットを加え、ガー
ニッシュで全体の味わいを引き締めてい
ます。

材料
シーバスリーガル ミズナラ 12年	30ml
ライチジュース	90ml
ヨーグルトリキュール（ヨーグリート）	10ml
アマレット（ディサローノ）	5ml

ガーニッシュ
アーモンドを砕いて塩と混ぜたもの	適量

作り方
❶ アーモンドと塩でオールドファッションド グラスをリムする。

❷ 材料と氷を入れて、ステアする。

シナモンと柿のカクテル
Cinnamon and Persimmon Cocktail

余韻にスパイシーさがあり、シナモンの
香りの要素を感じるシーバスリーガルに、
トロッとして甘くジューシーな「あんぽ
柿」を合わせたデザートカクテルです。
同じ色合いのものは相性が良いので、
鮮やかなオレンジ色のあんぽ柿にオレ
ンジジュースを加えました。

材料

シーバスリーガル ミズナラ 12年	40ml
あんぽ柿	1個
オレンジジュース	90ml

ガーニッシュ

シナモンスティック	1本

作り方

❶ 材料をブレンダーに入れて、撹拌する。

❷ クラッシュドアイスを加えて再び撹拌し、カクテルグ
ラスに注ぐ。

❸ シナモンスティックを飾る。

WOODFORD RESERVE
ウッドフォードリザーブ

生産地：アメリカ（バーボンウイスキー）
アルコール度数：43%　容量：750ml
輸入元：アサヒビール

ビッグイベントのオフィシャルバーボン

ケンタッキー最古の蒸溜所で造られるバーボ
ンで、その歴史は1812年に創設された小さな
ファームディスティラリーから始まる。バーボン業
界では初めての銅製ポットスチルによる3回蒸溜
を採用し、発酵に長い時間をかけることでフルー
ティ&スパイシー、滑らかな味わいを生み出して
いる。アメリカ・ケンタッキー州ルイビルのチャーチ
ルダウンズ競馬場で5月第1土曜日に開催される
「ケンタッキーダービー」のオフィシャルバーボン。

Bartender's
Impression

「仕上げの一杯に飲みたくなるウッドフォードリザーブは、オンザロックや
ストレートがお薦めです。フルーティでしっかりとした味わいもありながら、
バーボンの中では飲みやすいタイプではないでしょうか。相性が良いのは
桃や梨などのフルーツと、香りの高いシナモンなどのスパイス。濃い味わい
の素材を加えても負けない風味がウッドフォードリザーブにはあります」

（池上さん）

桃と大葉のハイボール
Peach and Shiso leaf Highball

ウッドフォードリザーブに感じるフルーティ
な桃の香りを引き伸ばしたカクテルです。
桃缶に残った桃はそのままガーニッシュに
したり、桃とチーズと大葉を合わせたカプ
レーゼ風にしても。大葉はコンベクション
オーブンで乾燥させると粉砕した際の香
りが良く、日持ちもします。

材料

ウッドフォードリザーブ	20ml
桃缶のシロップ	20ml
レモンジュース	5ml
グレナデンシロップ	5ml
ソーダ（ウィルキンソン タンサン）	適量

ガーニッシュ

ドライ大葉※	1枚

作り方

❶ タンブラーにソーダ以外の材料と氷を入れる。

❷ ソーダを加えて、軽く混ぜる。

❸ ドライ大葉をちぎって入れる。

※［ドライ大葉］
コンベクションオーブンで大葉をひっくり返しながら乾燥
させる（65度／ 2 〜 3分）。

アーモンドミルクと紅茶のホットカクテル

A Hot Cocktail with Almond milk and Tea

寒い季節に、ほっとひと息つけるよう
な温かいカクテルを作りました。ウッド
フォードリザーブのキャラメルのような香
りから相性の良いナッツを連想して、カ
ラメルとアーモンドミルクを入れていま
す。紅茶はミルクティに合うものならアッ
サムなどアールグレイ以外でも。

材料

ウッドフォードリザーブ	20ml
アーモンドミルク（アーモンド・ブリーズ）	150ml
紅茶葉（アールグレイ）	1.5tsp
水	100ml
カラメルまたはキャラメルシロップ	5ml

作り方

❶ 鍋に茶葉と水を入れて、火にかける。

❷ 茶葉が開いてきたら、アーモンドミルクを加える。

❸ 耐熱グラスにカラメルを入れ、❷を濾しながら注ぐ。

❹ ウッドフォードリザーブを加えて、混ぜる。

ブラック ファッションド
Black Fashioned

濃いめに抽出したブラックコーヒーと、
香ばしさとコクが出る黒糖シロップでク
ラシックカクテルの「オールド ファッション
ド」をアレンジ。ウッドフォードリザーブの
焦げ感からコーヒー、フルーティな香り
からパイナップルを合わせました。

材料

ウッドフォードリザーブ	30ml
ブラックコーヒー	45ml
黒糖シロップ	15ml

ガーニッシュ

パイナップル（缶）	2枚

作り方

❶ オールドファッションド グラスに材料を入れ、クラッシュドアイスを詰めて混ぜる。

❷ パイナップルを飾る。

焼き芋のフローズンカクテル
Roasted Sweet Potato Frozen Cocktail

香ばしくやさしい甘味のある焼き芋と、濃厚なバニラの組み合わせは鉄板。さらに、ウッドフォードリザーブと相性の良いバナナシロップを加えて、フローズンカクテルに仕上げました。シロップはキャラメルやチョコレート、ナッツ系でも合います。

材料

ウッドフォードリザーブ	30ml
焼き芋	50g
バニラアイス	50g
グリーンバナナ シロップ (モナン)	10ml

作り方

❶ 材料をブレンダーに入れて、撹拌する。

❷ クラッシュドアイスを加えて再び撹拌し、グラスに注ぐ。

リンゴ酢の爽やかレモネード
Refreshing Lemonade with Apple vinegar

バーボンにレモンジュースとライムジュース、グレナデンシロップ、砂糖を加えてシェイク後、ソーダで満たすカクテル「カリフォルニアレモネード」のアレンジです。フレッシュジュースの酸味をご家庭にもありそうなお酢に代えて、ウッドフォードリザーブのスッキリとした後味を活かしました。飲みやすく、色合いも鮮やかな一杯です。

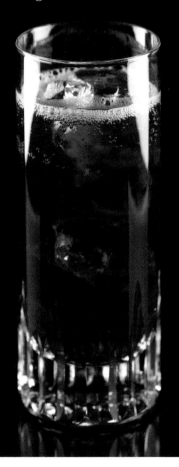

材料
ウッドフォードリザーブ	30ml
リンゴ酢	15ml
グレープジュース	120ml
ソーダ（ウィルキンソン タンサン）	適量

作り方
❶ タンブラーにソーダ以外の材料と氷を入れて、ステアする。

❷ ソーダを加えて、軽く混ぜる。

Dimples

Bartender

池上　雅子

埼玉県出身。地元のダイニングバーを経て「資
生堂パーラー　銀座本店」のラウンジでバーテン
ダーとして勤務し、2011年に銀座のバー「Bar
shake」へ入店する。同年、「サントリー　ザ・カク
テル　アワード　カクテル　コンペティション」でウイ
スキー部門最優秀賞を受賞、全3部門（リキュー
ル、スピリッツ、ウイスキー）のグランプリに。その後も
「CAMPARI COCKTAIL COMPETITION
ASIA 2018」のジャパンファイナルに選ばれるな
ど活躍する。2023年1月、独立して自身のバーを
開店。師匠・古田土雅行氏の言葉「お酒は美味し
く、楽しく」をモットーに日々営業している。

BAR info

Dimples　東京都千代田区神田紺屋町39　野村ビル1F　TEL:03-6824-2000

Whisky Cocktails III

The Bar CASABLANCA

Daiji Yamamoto

ラフロイグ 10年 LAPHROAIG AGED 10 YEARS

アードベッグ 10年 ARDBEG TEN

LAPHROAIG
AGED 10 YEARS

ラフロイグ 10年

生産地：スコットランド・アイラ島（シングルモルト）
アルコール度数：43%　容量：750ml
輸入元：サントリー

強烈な個性を持つアイラモルトの王

スコットランド・アイラ島の南岸に蒸溜所があり、いまも伝統的なフロアモルティング（※）を行う。薬品のようなヨード様の香りが強く、オイリーで濃厚。海藻を思わせる塩っぽさとドライな後味で、強烈な個性を持つ。チャールズ皇太子が愛飲していたことから、1994年にシングルモルトとして初めてイギリスのロイヤルワラント（王室御用達）を与えられた。

※ フロアモルティング
製麦工程で、大麦を床に広げて数時間おきに木製シャベルで撹拌する作業のこと。機械を使わない、伝統的な製麦法。

Bartender's
Impression

「トップノートの麦わら、ジャスミン、フルーティといった華やかな香りからバニラのような甘い香りに移行していく感じが個人的に気に入っていて、これらの香りから合わせる素材を選びました。ピートの強いウイスキーは、そのスモーキーさが甘味とマッチし、デザートカクテルにしやすいですね。グレープフルーツなどのジュースで割ると、同じくピーティなアードベッグとの違いが水や炭酸で割るよりも顕著に出ます」　　　（山本さん）

ティムットペッパーと
ラフロイグのハイボール
Timut Pepper & Laphroaig Highball

ティムットペッパーの柑橘やパッションフ
ルーツを思わせる香りと、ラフロイグのトッ
プノートに感じるフルーティさやハーブ感
がマッチしたハイボール。柑橘類と合うの
で、当店では柚子のカクテルにもティムット
ペッパーを使っています。工程❸で氷の
上にしっかりのるようにティムットペッパー
をかけると、最後まで香りを楽しめます。

材料
ラフロイグ 10年 ……………………………… 20ml
ソーダ（ウィルキンソン タンサン）………… 100ml

ガーニッシュ
ティムットペッパー……………………………… 適量

作り方
❶ 氷を入れたオールドファッションド グラスにラフロイ
　 グを注いで、ステアする。
❷ ソーダを加えて、軽く混ぜる。
❸ ティムットペッパーを氷の上にたっぷりとかける。

ラフロイグと白桃のカクテル
Laphroaig & White Peach Cocktail

白桃はウイスキーと相性が良く、トップノートにあるフレッシュなグリーンやフローラルさ、アフターのバニラやココナッツなどの甘い香りがラフロイグと噛み合う要素。ただ、白桃とラフロイグを合わせた時に上手くまとまらない部分を補うため、桃の香り成分にあるラベンダーをインフューズしてバランスをとりました。ラベンダーをインフューズしたラフロイグは、サクラやカカオを使ったカクテルにも応用できます。

材料

ラフロイグ 10年	30ml
白桃	90g
ラフロイグ 10年(ラベンダーインフューズド)※1	1tsp
スイート アンド サワーミックス※2	10ml
シンプルシロップ	1tsp

ガーニッシュ

ドライラベンダー	2本

作り方

❶ 材料とクラッシュドアイスをブレンダーに入れて、撹拌する。

❷ ワイングラスに注ぎ、ドライラベンダーを飾る。

※1 [ラフロイグ 10年(ラベンダーインフューズド)]
材料：ラフロイグ 10年 750ml ／ドライラベンダー 10g ／熱湯 少量

① ドライラベンダーに熱湯を注ぎ、3～4分ほど蒸らす。

② ①にラフロイグを加え、常温でひと晩置く。

③ 濾して、ボトリングする。

※2 [スイート アンド サワーミックス]
クエン酸水(★1)とシンプルシロップ(★2)を1：1の割合で混ぜる。

　★1 [クエン酸水]：クエン酸 4g、リンゴ酸 2g、20％塩水 1dash、シンプルシロップ 10ml、ミネラルウォーター 250mlをミキシンググラスに入れて、溶けるまでステアする (氷は入れない)。

　★2 [シンプルシロップ]：鍋にミネラルウォーター 500mlを入れて沸騰させ、グラニュー糖 1kgを加える。完全に溶け切るまでステアして、冷ます。

ラフロイグとイチゴのカクテル
Laphroaig & Strawberry Cocktail

ラフロイグをバターウォッシュして、イチゴの香気成分にあるココナッツなどの香りにバターのクリーミーな香りを合わせ、完熟イチゴのようなイメージに。さらにキャラメルシロップでボリューム感を出し、全体をまとめました。バターウォッシュしたラフロイグはクリーム系のほか、グレープフルーツと合わせるとマイルドな口当たりになります。

材料

ラフロイグ 10年（バターウォッシュ）※1	30ml
イチゴ	50g
キャラメルシロップ（モナン）	1tsp
スイート アンド サワーミックス※2	10ml

作り方

❶ 材料とクラッシュドアイスをブレンダーに入れて、撹拌する。

❷ ワイングラスに注ぐ。

※1 [ラフロイグ 10年（バターウォッシュ）]
材料：ラフロイグ 10年 750ml ／無塩バター 100g

① バターをフライパンに入れて火にかけ、溶かす。

② フライパンの粗熱を軽くとり、ラフロイグを入れてよく混ぜる。

③ 容器に移して冷蔵庫で冷やし、脂肪分が固まったら濾す。

※2 [スイート アンド サワーミックス]
クエン酸水（★1）とシンプルシロップ（★2）を1：1の割合で混ぜる。

★1 [クエン酸水]：クエン酸 4g、リンゴ酸 2g、20％塩水 1dash、シンプルシロップ 10ml、ミネラルウォーター 250mlをミキシンググラスに入れて、溶けるまでステアする（氷は入れない）。

★2 [シンプルシロップ]：鍋にミネラルウォーター 500mlを入れて沸騰させ、グラニュー糖 1kgを加える。完全に溶け切るまでステアして、冷ます。

ラフロイグと
パッションフルーツのカクテル

Laphroaig & Passion fruit Cocktail

ジャスミンをインフューズしたラムは、その香りを綺麗に拾い、ラム特有のボリュームを出してくれます。ラフロイグのハーブ感にも合いますし、ラフロイグとパッションフルーツを混ぜた時に出てくるハニーやジャスミンの香りを引き立たせる効果も。パッションフルーツは個体差の標準化と保存性を高めるため、フレッシュではなく自家製でジュースを仕込んでいます。

材料

ラフロイグ 10年	20ml
パッションフルーツ ジュース※1	30ml
卵白パウダー	½tsp
ラム（ジャスミンインフューズド）※2	10ml

ガーニッシュ

ドライジャスミン フラワー	適量

作り方

❶ 材料をシェイクして、カクテルグラスにダブルストレイン。

❷ ドライジャスミン フラワーを浮かべる。

※1 [パッションフルーツ ジュース]
材料：パッションフルーツ 10ml ／クエン酸水 10ml ／シンプルシロップ 5ml ／パッションフルーツシロップ（モナン）3ml

① パッションフルーツの実を割り、バーズネストで濾しながら種を取り除いて果汁をとる。

② ①と残りの材料をショートティンなどに入れ、充分に混ぜる。

※2 [ラム（ジャスミンインフューズド）]
材料：ラム（バカルディ スペリオール）750ml ／ドライジャスミン 20g ／熱湯 少量

① ドライジャスミンに熱湯を注ぎ、3〜4分ほど蒸らす。

② ①にラムを加え、常温でひと晩置く。

③ 濾して、ボトリングする。

ラフロイグとパンプキンのカクテル

Laphroaig & Pumpkin Cocktail

20年ほど前からの定番カクテルで、通称
"L.P.P.(LAPHROAIG× Pumpkin)"。
スモークとクリーム系の相性はもちろんのこと、
ティーリキュールと生クリーム、ティーリキュール
とラフロイグのジャスミン香が良いハーモニー
を生んでいます。ティーリキュールは「ダージリ
ン クーラー」や「エル ディアブロ」、「ティー モ
ヒート」にも用いています。

材料

ラフロイグ 10年	30ml
かぼちゃペースト	50g
生クリーム	20ml
ティーリキュール※	20ml
シンプルシロップ	10ml
バニラシロップ	5ml

ガーニッシュ

シナモンパウダー	適量

作り方

❶ 材料とクラッシュドアイスをブレンダーに入れて、撹
拌する。

❷ カクテルグラスに注ぎ、シナモンパウダーをかける。

※[ティーリキュール]
材料：ウォッカ(ストリチナヤ) 600ml ／紅茶(マリアー
ジュフレール マルコポーロ) 10g ／熱湯 少量／シンプ
ルシロップ 240ml

①紅茶に熱湯を注ぎ、3～4分ほど蒸らす。

②①にウォッカを加え、常温でひと晩置く。

③濾したらシンプルシロップを加えて混ぜ、ボトリングす
る。

ARDBEG TEN
アードベッグ 10年

生産地:スコットランド・アイラ島(シングルモルト)
アルコール度数:46% 容量:700ml
輸入元:MHD モエ ヘネシー ディアジオ

最強のスモーキーフレーバーと
繊細な甘さが調和

1815年創業、マクドゥーガル家が経営していた
が、20世紀に入ってから何度も経営者が交代し、
蒸溜所閉鎖の危機に陥ったアードベッグ。しかし
2008年、新体制移行後に蒸溜した原酒のみを
用いた「10年」をリリースし、見事に復活を遂げ
た。麦芽に強くピートを焚くことによるスモーキー
さと、精溜器(※)によるクリーンでスイートな香り。
熱烈なファン "アードベギャン" に支えられ、毎年
「アードベッグ・デー」が開催されるほどに。

※ 精溜器(ピュリファイアー)
ポットスチルからアルコールを含んだ蒸気が送り込まれる
「ラインアーム」に取り付けられる円筒形の導管で、蒸気
を冷やす役割。フルーティ、スイート、フローラルですっき
りとした酒質になる。

Bartender's Impression

「ミドルからアフターにかけての土っぽい感じ、ねっとりとした香りが特徴。
ヨード、アフターに感じるなめし革、トーストの香りを活かせるよう副材料
を考えました。どのウイスキーも樽由来のバニラやナッツの香りがあるの
でナッツ系、種子・核系の素材やそれらの香り成分を持ったフルーツと
合いますね。例えばイチゴ、バナナ、パイナップル、マンゴー、桃など。お
茶やコーヒーとも相性が良いです」 (山本さん)

トリュフ ソルト リムの
アードベッグハイボール
Ardbeg Highball
with Truffle Salt Rim

トリュフの動物的な香りとアードベッグのス
モーキーさ、アフターに感じるオイル、革の
ような香りを合わせました。アードベッグと
ソルトの相性は言うまでもなく、おつまみ要
らずですね。トリュフソルトのほか、ココナッ
ツパウダーでリムしても香りがリンクして美
味しいですよ。

材料
アードベッグ 10年 ………………………… 20ml
ソーダ（ウィルキンソン タンサン）……… 100ml

ガーニッシュ
トリュフソルト ………………………………… 適量

作り方
❶ タンブラーをトリュフソルトでリムする。
❷ アードベッグと氷を入れて、ステアする。
❸ ソーダを加えて、軽く混ぜる。

アードベッグとマンゴーのカクテル

Ardbeg & Mango Cocktail

マンゴーの香りの要素は主にグリーン系とフローラル系、バター、バナナ、ココナッツなどのような甘重い香りです。これが、アードベッグのアフターに駆け上ってくる香りと共通すると捉えました。また、シェリーを加えて樽香を高め、マンゴーのねっとりとした香りとアードベッグのオイリーな香りをまとめています。バルサミコでも近い効果がありますよ。

材料

アードベッグ 10年	30ml
マンゴー	80g
シェリー（バロン ミカエラ ペドロヒメネス）	10ml
スイート アンド サワーミックス※	5ml

作り方

❶ 材料とクラッシュドアイスをブレンダーに入れて、撹拌する。

❷ カクテルグラスに注ぐ。

※ [スイート アンド サワーミックス]
クエン酸水（★1）とシンプルシロップ（★2）を1：1の割合で混ぜる。

★1 [クエン酸水]：クエン酸 4g、リンゴ酸 2g、20%塩水 1dash、シンプルシロップ 10ml、ミネラルウォーター 250mlをミキシンググラスに入れて、溶けるまでステアする（氷は入れない）。

★2 [シンプルシロップ]：鍋にミネラルウォーター 500mlを入れて沸騰させ、グラニュー糖 1kgを加える。完全に溶け切るまでステアして、冷ます。

バノックバーン

Bannockburn

人口よりも羊の数のほうが多いスコットランド・アイラ島で造られるアードベッグ。そのアフターに感じるオイルや動物系の香りを羊肉やパルミジャーノの香りと繋げた「バノックバーン」(※)のツイストです。たっぷりかけたパルミジャーノは全体を丸くまとめ、燻製パウダーはトマトジュースがアードベッグに寄り添う効果があります。

> ※ バノックバーン
> スコッチウイスキーとトマトジュースを混ぜて作るカクテル。

材料

アードベッグ 10年	30ml
ラム(羊肉)フレーバート トマトジュース※1	90ml
燻製パウダー(ミートガイ)	½tsp

ガーニッシュ

パルミジャーノ	適量
プチトマト	½個
ラム入りパテドカンパーニュ※2	1個

作り方

❶ 材料をシェイクして、氷を入れたタンブラーに注ぐ。

❷ パルミジャーノをかけ、プチトマトとラム入りパテドカンパーニュを添える。

※1 [ラム(羊肉)フレーバート トマトジュース(冷凍可)]
材料：プチトマト 600g／ラム肉 500g／ローズマリー 3〜4cm／塩(★)小さじ1.5／砂糖(★)小さじ1／レモンジュース(★)10ml／バルサミコ酢(★)10ml

① プチトマトをスロージューサーにかけて濾し、★で味付けする。

② カットしたラム肉をフライパンで焼き目がしっかり付くまで焼き、①を加えて10分ほど煮込む。

③ ローズマリーを入れて、軽く煮込む。

④ 粗熱がとれたら、冷蔵庫で冷やして軽く濾す。

※2 [ラム入りパテドカンパーニュ(冷凍可)]
材料：※1でトマトジュースを作った後に残ったラム肉(細かく刻む)／豚ひき肉 250g／※1でプチトマトをスロージューサーにかけた後の搾りかす 100g(水分をよく切る)／玉ねぎ(みじん切り)中⅛個／にんにく(みじん切り)1片／ピスタチオ(粗く刻む)5〜6個／卵 1個／ガラムマサラ 適量／ラセルハヌート 適量／塩 5g／ポートワイン 20ml／アードベッグ10年 20ml／ベーコン 5〜6枚／ローレル 1枚

① ベーコンとローレル以外の材料をよく練って合わせ、ひと晩寝かせる。

② ベーコンを敷き詰めたアルミの型(Sサイズ)に①を少しずつ入れ、トントンと揺らして空気を抜く。

③ ②のベーコンで蓋をし、ローレルをのせてアルミホイルで包む。

④ 深めのバットなどに③を入れて、湯煎する(バットにアルミ型の⅓〜½くらいまで熱湯を注ぎ、170℃に予熱したオーブンで40分ほど加熱)。

⑤ 常温に戻るまで冷まし、重しをして2日ほど冷蔵庫で寝かせる。

⑥ カットして提供する。

アードベッグのティラミスカクテル

Ardbeg & Tiramisu Cocktail

スモーキーで香り高い、飲めるティラミスです。フレッシュだけでは出せない深みや余韻、香りのボリューム感をグリルバナナで出しました。スイート アンド サワーミックスは、甘酸味のバランスを好みの位置へ合わせるために使っています。メイキングの時間短縮や、柑橘の使用量を抑えてゴミを減らすなどの意図もあります。

材料

アードベッグ 10年	30ml
フレッシュバナナ	50g
グリルバナナ（冷凍）※1	½本
エスプレッソ	20ml
マスカルポーネ	20g
スイート アンド サワーミックス※2	10ml

ガーニッシュ

ココアパウダー	適量

作り方

❶ 材料とクラッシュドアイスをブレンダーに入れて、撹拌する。

❷ カクテルグラスに注ぎ、ココアパウダーをかける。

※1［ グリルバナナ（冷凍）］
材料：バナナ 適量／ココアパウダー 適量

① バナナを縦½にカットして、ココアパウダーを振りかける。

② 170度のオーブン（余熱なし）で80分焼く。

③ 粗熱をとって、冷凍庫で保存する。

※2［ スイート アンド サワーミックス ］
クエン酸水（★1）とシンプルシロップ（★2）を1：1の割合で混ぜる。

★1［クエン酸水］：クエン酸 4g、リンゴ酸 2g、20%塩水 1dash、シンプルシロップ 10ml、ミネラルウォーター 250mlをミキシンググラスに入れて、溶けるまでステアする（氷は入れない）。

★2［シンプルシロップ］：鍋にミネラルウォーター 500mlを入れて沸騰させ、グラニュー糖 1kgを加える。完全に溶け切るまでステアして、冷ます。

アードベッグとイチジクのカクテル
Ardbeg & Fig Cocktail

イチジクをカクテルで表現する際、持ち上げたい香りを加えるためにピュレを作ります。イチジクにはグリーン系、ココナッツ系の香り成分があり、それらをピュレに含ませました。含ませたい場合はボイル、凝縮ならグリル。また、グレープフルーツの酸味を足して甘酸味のバランスでカクテルの土台を作り、ミントでイチジクのグリーン系の香りを膨らませています。

材料

アードベッグ 10年	30ml
イチジク	40〜45g
イチジクピュレ※	30ml
グレープフルーツジュース	15ml
ミントリーフ	1枚
シンプルシロップ	10〜15ml

ガーニッシュ

イチジク	⅛個

作り方

❶ 材料とクラッシュドアイスをブレンダーに入れて、撹拌する。

❷ ワイングラスに注ぎ、イチジクを飾る。

※[イチジクピュレ]
材料:イチジク 400g ／ミネラルウォーター 150ml ／白ワイン 150ml ／シナモンスティック 1cm ／スペアミント 10枚／ココナッツシロップ(モナン) 30ml

① 皮をむいたイチジク、ミネラルウォーター、ワイン、シナモンを小鍋に入れ、沸騰するまで強火にかける。

② 沸騰したら、中〜弱火で20分煮る。

③ ミントを房のまま入れて、冷めたら取り除く。

④ ココナッツシロップを加えて、ブレンダーにかける。

⑤ 容器に移して、冷蔵庫で保存する(大量に仕込みをする場合、タッパーで冷凍保存。使用時に解凍して広口瓶へ移す)。

The Bar CASABLANCA

Bartender

山本　悌地

学生時代に飲食店でアルバイトを始め、1990
年に銀座のバー「ST.SAWAI オリオンズ」へ
入店。翌年から横浜のバー「ネプチューン」で
勤務し、「第4回 ジュニアカクテルフェスティバ
ル」で優勝する。1994年、独立して「The Bar
CASABLANCA」を開店。N.B.A.主催「全国
バーテンダー技能コンクール」総合優勝、「イン
ターナショナルカクテルコンペティション ブラジル
大会」へ日本代表として出場するなどし、注目を集
める。2002年、「カクテル フレッシュ フルーツ テク
ニック」を出版。フレッシュフルーツを使ったカクテル
を得意とする。

BAR info

The Bar CASABLANCA 神奈川県横浜市中区相生町5-79-3 ベルビル馬車道B1F　TEL:045-681-5723

Food Pairing I

By BAR BARNS

手軽に再現できる、ウイスキーと既製品のペアリング。共通したり、マスキングできる
風味がウイスキーをさらに引き立てます。

基本的なペアリングの流れ

❶ オフィシャルのテイスティングコメントを参照する。

❷ ウイスキーをテイスティングし、自分なりのテイスティングコメントを出
来るだけ細かく書き出す。

❸ ❶と❷をもとに相性の良さそうなアイテムをいくつか試し、記録する。

❹ テイスティンググラスにウイスキーを注いでほんの少量を口に含み、
口内で（舌に膜を作るイメージで）馴染ませて香りと味を確かめる。

❺ ペアリングさせるアイテムを口に含み、少し味わう。

❻ 再びウイスキーを口に少量含み、合わせる。

ロッホローモンド インチマリン 12年 ✕ 王様のデーツ習慣

PAIRING COMMENT

王様のデーツ習慣［プレミアム］

インチマリン 12年の個性的でケミカルな面をデーツが抑え、その風味がウイスキーのドライフルーツ様のフレーバーを際立たせます。

王様のデーツ習慣

上記の組み合わせよりビターでありながら、余韻に感じる黒糖やレーズン様の風味が心地良いです。

PAIRING METHOD

❶ テイスティンググラスにインチマリン 12年を適量注ぐ。

❷ ほんの少量を口に含み、口内で（舌に膜を作るイメージで）馴染ませて香りと味を確かめる。

❸ 王様のデーツ習慣を口に含み、少し味わう。

❹ 再びインチマリン 12年を口に少量含み、合わせる。

OFFICIAL TASTING COMMENT

香り：キャンディ、トフィー、夏の草原

味　：オレンジ、桃、アプリコット、ファッジ、バニラ

余韻：ミディアムな余韻のあとに黒胡椒のフィニッシュ

BARTENDER'S TASTING COMMENT

香り：蜜蝋、ワクシー、スイカズラ、青々とした草、三温糖、
　　　完熟パイナップルの皮、白ワイン

味　：ドライデーツ、ドライアプリコット、鉛筆、ハーブ、オイリー、
　　　ジンジャー

余韻：ドライ洋梨、レモングラス、鉛筆、バニラ、ジンジャー、
　　　微かにココアパウダー

王様のデーツ習慣［プレミアム］
デーツ（ナツメヤシの実）のドライフルーツ。粒の大きなアメリカ産のマジョール種を使用している。干し柿のような上品な味わい。

王様のデーツ習慣
黒糖の様な風味で、干し柿よりさっくりとした歯触り。イラン産。

ロッホローモンド
インチマリン 12年

生産地：スコットランド・ハイランド（シングルモルト）
アルコール度数：46%　容量：700ml
輸入元：都光

イチローズ モルト&グレーン
ホワイトリーフのハイボール

とうもろこし味系スナック

PAIRING COMMENT

テイスティングコメントから蜂蜜、バニラ、シトラス、ドライ洋梨、ポップコーンといったキーワードをピックアップし、ソーダ割りにとうもろこし系のアイテムを合わせたいと考えました。ソーダ割りの爽やかさとモルトやグレーンの香味にとうもろこしの香りが良く合い、ほんのり塩味と旨味、柔らかな甘味が出てきます。ウイスキー1に対してソーダ2~3で割った、やや濃い目のハイボールでも。

PAIRING METHOD

❶ タンブラーをラップで包み、冷凍庫で冷やしておく。

❷ ミルクピッチャーのような注ぎ口のついた小さめのグラスに、イチローズ モルト&グレーンを10〜15ml入れておく。

❸ ❶に氷を入れ、イチローズ モルト&グレーンを30ml注ぐ。

❹ よく冷やしたソーダ（激烈炭酸）を90〜105mlほど❸にゆっくりと加え、ノンステアまたは1回未満のステアをする。

❺ ❷を少量（3〜5ml）フロートする。

❻ スナックと共に味わい、タンブラーへ少しずつ❷を加えていく。

OFFICIAL TASTING COMMENT

軽やかで艶のあるフルーティーな香り、
時間と共に現れる濃厚な甘さ

BARTENDER'S TASTING COMMENT

香り：蜂蜜、バニラ、麦、ビスケット、フレッシュ、シトラス

味　：軽やか、グレーン、ビター、ドライ洋梨、バナナ

余韻：グレーン、蜂蜜、ポップコーン、サラダ油、麦汁

イチローズ モルト&グレーン
ホワイトリーフ

（右から）素材を生かしたスナック とうもろこし、コーンスナック うす塩味（共に無印良品）、ふわふわチップス とうもろこし味（セブンプレミアム）、焼とうもろこしおかき（喜多山製菓）。いずれもサクッとした軽い食感で、とうもろこしの甘味とやさしい香りが広がる。

生産地：日本（ブレンデッドウイスキー）
アルコール度数：46%　容量：700ml
製造・販売元：ベンチャーウイスキー秩父蒸溜所

グレンアラヒー 12年 ╳ 柿

PAIRING COMMENT

柿にシナモンパウダーをかけてグレンアラヒー 12年と
合わせると、不思議と生八つ橋のような口当たりに変化
します。パリパリの柿より、少し柔らかいほうがお薦め。
今回は福岡県の品種「秋王」を採用しましたが、時期に
よって平たねなし柿や富有柿などを選んでいます。

PAIRING METHOD

❶ 柿（ほんの少し柔らかくなったもの）の皮をむき、食べやすくカットする。

❷ 皿に盛り、シナモンパウダー（セイロン産）を全体に少量ずつかかるよう振りかける。

❸ その上からグレンアラヒー12年を全体にかかるよう振りかける。

OFFICIAL TASTING COMMENT

香り：ヘザーハニー、シナモン、バタースコッチ、ソフトレーズン、モカ

味　：オレンジ、ヘザーハニー、プラム、モカ、ダークチョコレート、イチジク、デーツ、シナモン

余韻：モカ、ダークチョコレート、イチジク、デーツ、シナモン

BARTENDER'S TASTING COMMENT

香り：マジパン、レーズン、バナナ、パンケーキ、黒糖、ダークチョコ

味　：バタースコッチ、蜂蜜、シェリー、レーズン、フィナンシェ

余韻：マジパン、バナナ、フィナンシェ、ミルクコーヒー、シナモン

グレンアラヒー 12年

生産地：
　スコットランド・スペイサイド（シングルモルト）
アルコール度数：46%　容量：700ml
輸入元：ウィスク・イー

甘柿の王様「富有柿」を上回る糖度を持つといわれる濃厚な甘さながら、軽やかでしつこさのない味わい。きれいな橙赤色で種がほとんどなく、サクサクとした食感。

アイラ・ジャーニー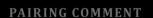
帆立大王

PAIRING COMMENT

スモーキーさと甘味、旨味の調和が秀逸。アイラ・ジャーニーのスモーク、ピーティさと甘さに、甘辛く炊いた魚介や燻したアイテムは間違いなく相性が良いと思います。

PAIRING METHOD

❶ テイスティンググラスにアイラ・ジャーニーを適量注ぐ。

❷ ほんの少量を口に含み、口内で（舌に膜を作るイメージで）馴染ませて香りと味を確かめる。

❸ 帆立大王を口に含み、少し味わう。

❹ 再びアイラ・ジャーニーを口に少量含み、合わせる。

OFFICIAL TASTING COMMENT

香り：スモーク、灰、タール

味　：ピート、海水、海藻

BARTENDER'S TASTING COMMENT

香り：スモーク、ザラメ、灰、タール、麦芽、シリアル

味　：スモーキー、ピーティ、ドライ梨、タンニン、渋い緑茶、
　　　バニラ、ヨード

余韻：タンニン、シリアル、クッキー、麦芽、ヨード、黒こしょう、
　　　ナツメグ

肉厚で大粒の国産帆立貝。ふっくらとジューシーに炊き上げ、貝の旨味を引き出している。

アイラ・ジャーニー

生産地：スコットランド（ブレンデッドモルト）
アルコール度数：46％　容量：700ml
輸入元：ジャパンインポートシステム

ザ・マッカラン ダブルカスク 12年 ✕
TOKOROプリン

PAIRING COMMENT

当店の限定メニューで、ペアリングイベントでも度々登
場する人気のプリン。マッカランのクリーミーなバタース
コッチや、バニラカスタード様の香りがプリンの風味と
合います。また、マッカランを口に含んだ際に感じるキャ
ラメルや軽やかなスパイシーさと、プリンのカラメルがと
てもマッチします。

PAIRING METHOD

❶ プリンの上面にマッカランを8〜10ml注ぐ。

❷ そのまま、または軽く混ぜて味わう（途中、お好みでマッカランを
追加する）。

※最後にプリンを少量残し（お好みで＋マッカラン）、適量の牛乳
と少量の和三盆を加えて蓋をしたボトルをシェイク後、カクテル
のように飲むのもお薦めしている。

OFFICIAL TASTING COMMENT

香り：クリーミーなバタースコッチ、アップルキャンディー、
　　　バニラカスタード

味　：蜂蜜のような甘さ、ややスパイシー、
　　　シトラス系のフルーツ感

余韻：甘く長い余韻

BARTENDER'S TASTING COMMENT

香り：キャラメルの包み紙、バタースコッチ、アップルパイ、
　　　バニラ、カスタード

味　：蜂蜜、バニラビーンズ、クッキー、ミルクキャラメル

余韻：キャラメルの包み紙、プレッツェル、ミルクティー、シトラス

卵黄だけで固めた、くずれそうなほど柔らかい究極のなめらかプリン。
マダガスカル産とタヒチ産の天然バニラビーンズを使用している。

ザ・マッカラン ダブルカスク 12年

生産地：
　　　スコットランド・スペイサイド（シングルモルト）
アルコール度数：40%　容量：700ml
輸入元：サントリー

アードベッグ ウーガダール × 珈琲ジュレプリン

PAIRING COMMENT

アードベッグのスモーキーで甘やか、エスプレッソのような香りや味わいに、ジュレが合わさるとコーヒー感が増します。下部のプリンと合わせても美味しいですよ。

PAIRING METHOD

❶ プリンの上面にアードベッグを8〜10ml注ぐ。

❷ 上部のジュレと合わせながら味わう。

❸ 下部のプリンとも軽く混ぜて、味わう。

OFFICIAL TASTING COMMENT

香り ： 重厚感があり、陶然とするようなスモーキーなアロマ。あた
たかなクリスマスケーキ、クルミとスミレのアロマが魅力的
に混じり、爽やかな潮香、ヒマラヤ杉、松葉の香りと溶け合
う。石炭の煙、たっぷりと油を塗った革の深い香り。蜂蜜のト
フィーとチョコレートコーティングしたレーズンの甘味

味 ： こくがあり、リッチな味わいに、深みのあるテクスチャ。甘さ
を感じた後、冬のスパイスの香りが押し寄せる。蜂蜜で照り
をつけた燻製料理の贅沢な味わい。深みのあるスモーキー
なフレーバーと豊かなアロマが押し寄せ、上質なモンテクリ
スト葉巻のような香りが口蓋に広がる

余韻 ： 驚くほど余韻が長くはっきりと残る。いつまでも残るレーズン
と深いモカの香り、リッチでスモーキーなアロマがひとつに
なり、完璧なフィニッシュを作る

BARTENDER'S TASTING COMMENT

香り ： チョコレートケーキ、キャラメルナッツ、レーズン、スモーク、
スミレ、麦わら、松の葉、レザー、モカ

味 ： スモーキー、スパイスと甘さ、蜂蜜、黒糖、エスプレッソ

余韻 ： クルミ、レーズン、モカ、三温糖、クローブ

岐阜県のスペシャルティコーヒー専門店「山田珈琲」のコーヒーを
24時間かけて、ゆっくりと水で抽出。優しいバニラの香りと甘さをブ
レンドして、とても柔らかなジュレに仕上げている。

アードベッグ ウーガダール

生産地：スコットランド・アイラ島（シングルモルト）
アルコール度数：54.2% 容量：700ml
輸入元：MHD モエ ヘネシー ディアジオ

メーカーズマーク ✕ 大人の琥珀

PAIRING COMMENT

オレンジ、蜂蜜の香り、バニラの風味、そして小麦由来の甘味があるメーカーズマークと、甘くリッチでビターな大人の琥珀は好相性。ポッキーのチョコレートが溶け合い、メーカーズマークの爽やかさとプレッツェルの香ばしい余韻が心地良く広がります。

※ほかに「サントリー シングルモルトウイスキー 山崎」、「ザ・マッカラン ダブルカスク 12年」、「バルヴェニー 12年 ダブルウッド」もお薦め。

PAIRING METHOD

❶ テイスティンググラスにメーカーズマークを適量注ぐ。

❷ ほんの少量を口に含み、口内で（舌に膜を作るイメージで）馴染ませて香りと味を確かめる。

❸ 大人の琥珀を口に含み、少し味わう。

❹ 再びメーカーズマークを口に少量含み、合わせる。

OFFICIAL TASTING COMMENT

香り ：オレンジ、蜂蜜、バニラ

味 ：なめらかでバニラを中心に複雑で繊細、
　　　ふっくらした小麦由来の甘み

余韻 ：柔らかく、しなやかな印象がつづく

BARTENDER'S TASTING COMMENT

香り ：ドライオレンジ、オレンジビター、蜂蜜、バニラ、クリーム

味 ：ドライオレンジ、バニラ、蜂蜜

余韻 ：オレンジビター、クラッカー、砂糖をまぶしたオレンジピール、
　　　微かにシトラス

モルト（麦芽）を練り込んだプレッツェルを濃厚なビターチョコレートでコーティングした、ウイスキーと相性抜群のポッキー。

メーカーズマーク

生産地：アメリカ（バーボンウイスキー）
アルコール度数：45%　容量：700ml
輸入元：サントリー

BAR info

BAR BARNS 愛知県名古屋市中区栄2-3-32　アマノビルB1F　TEL:052-203-1114　※詳細はp.48を参照してください。

Whisky Cocktails IV

SUKIYABASHI SAMBOA BAR
Atsushi Tsuda

サントリー 角瓶　SUNTORY KAKUBIN

ブラックニッカ スペシャル　BLACK NIKKA SPECIAL

SUNTORY KAKUBIN
サントリー 角瓶

生産地:日本(ブレンデッドウイスキー)
アルコール度数:40%　容量:700ml
製造・販売元:サントリー

80年を超えるロングセラー

1937年、サントリー創業者の鳥井信治郎氏が
「スコッチに負けない日本のウイスキー」を目指し
て完成させた。薩摩切子にヒントを得た亀甲模
様のデザインで、"角瓶"の名はボトルの形から
そう呼ばれるように。山崎蒸溜所と白州蒸溜所
のバーボン樽原酒をバランスよく配合した、甘や
かな香りと厚みのあるコク、ドライな後口が特長。
ソーダ割りで美味しく飲めるよう設計されている。

Bartender's
Impression

「角ハイ(角瓶のハイボール)は広く知られ、飲まれていますよね。角瓶
には独特の力強さがあり、ロックやストレートでは出せないコクがソーダ
で割ると引き出されるからではないでしょうか。カクテルに用いるときも、
その力強さを活かすことがポイント。副材料と合わせてもしっかりとボ
ディが残るので、ビネガーやコーヒー、レモンピールとも相性がいいです。
ソーダ割りも水割りも、レモンピールは多めに」　　　　　　（津田さん）

ビターズ ハイボール
Bitters Highball

「サンボアではハイボール」と決めている
お客さまが多く、何杯もハイボールを召し
上がります。そこでベースのウイスキーで
はなく、ビターズで変化をつけて楽しんで
頂けるよう考えました。「堂島サンボア」時
代からお出ししている裏メニューのような
存在で、ビターズの量ほどに苦さは感じま
せん。ペイショーズ ビターズやオレンジビ
ターズもお薦めです。

材料
サントリー角瓶（冷凍）	40ml
ソーダ（ウィルキンソン タンサン）	190ml
アンゴスチュラ ビターズ	5dashes

ガーニッシュ
レモンピール	1片

作り方
❶ タンブラーにアンゴスチュラ ビターズを入れ、サント
リー角瓶を加える。

❷ ソーダを一気に注ぐ。

❸ レモンピールをかける。

ジャパニーズ ティー タイム
Japanese Tea Time

「堂島サンボア」で勤務していた頃、角瓶のお湯割りに少量の砂糖を加えていました。温かいアルコールは苦味を感じると、くどくなるからです。ホットカクテルは甘めに仕上げるのがポイントで、ドランブイの花の蜜の甘さを効かせました。昼下がりに紅茶を飲んで、ホッとするようなイメージ。ダージリンを用いても美味しいです。

材料

サントリー角瓶	30ml
ドランブイ	10ml
レモンジュース	10ml
シンプルシロップ	5ml
アールグレイ	適量

ガーニッシュ

アールグレイの茶葉	適量

作り方

❶ 材料を鍋に入れて火にかけ、沸騰前まで温めて耐熱グラスに注ぐ。

❷ アールグレイの茶葉を飾る。

ウイスキー ラバー
Whisky Lover

ウイスキー愛好家がストレートではなく、アルコールを控えめにして飲むなら……と、角瓶の"コク"からインスピレーションを得て創作しました。ドランブイとチェリーヒーリングを合わせて、レモンでその甘苦さを調整しています。角瓶のしっかりしたボディによってリキュールの個性が絡み合い、「美味しい!」と感じる一杯に。

材料

サントリー角瓶（冷凍）	30ml
ドランブイ	15ml
チェリーヒーリング	10ml
レモンジュース	10ml
アンゴスチュラ ビターズ	1dash
ソーダ	適量

作り方

❶ 氷を入れたタンブラーにソーダ以外の材料を注いで、ステアする。

❷ ソーダで満たして、軽く混ぜる。

サムシング ピーチィ
Something Peachy

料理を口にして「これは、あの材料が入っているな」と感じた時の "発見" は楽しいですよね。このカクテルでも「何か桃っぽいよね?」と感じて頂きたくて考案しました。ウイスキーをジンジャーエールで割った、ウイスキーバックのアレンジ。キンキンに冷えたマグカップでお楽しみください。

材料
サントリー角瓶(冷凍)	30ml
桃リキュール (ジャパニーズクラフトリキュール 奏 Kanade〈白桃〉)	10ml
オレンジジュース	5ml
ジンジャービア(フィーバーツリー)	適量

作り方
❶ 氷を入れたマグカップにジンジャービア以外の材料を注いで、ステアする。

❷ ジンジャービアを加えて、軽く混ぜる。

角 ドム
K.A.K.U.D.O.M

日本のウイスキー文化を牽引し、2023
年に100周年を迎えた角瓶から着想して
"最古のリキュール"といわれるベネディ
クティン DOMを合わせました。リッチで
独特な甘味のあるベネディクティンと相性
のいいチェリー、オレンジ、レモンでまとめ
ています。ライウイスキーがベースのカク
テル「モンテカルロ」のツイストです。

材料

サントリー角瓶（冷凍）	30ml
ベネディクティン DOM	5ml
チェリーヒーリング	5ml
オレンジジュース	10ml
レモンジュース	10ml
チェリービターズ（トークン ビターズ リッチー チェリー）	
	1dash

作り方

❶ 材料をシェイクして、冷やしたカクテルグラスに注
ぐ。

BLACK NIKKA SPECIAL

ブラックニッカ スペシャル

生産地：日本（ブレンデッドウイスキー）
アルコール度数：42%　容量：720ml
製造元：ニッカウヰスキー

"ヒゲのブラック"の愛称で親しまれる

稀少なカフェ式連続式蒸溜機（※）で造られた
軽快で柔らかな甘さを持つカフェグレーンと、しっ
かりとしたモルト香が調和したブレンデッドウイス
キー。1965年に発売、穏やかなピートと樽の余韻
が特徴的だ。ブラックニッカの象徴、ヒゲのおじさ
ん（キング・オブ・ブレンダーズ）が描かれた黒いボ
トルで、"ヒゲのブラック"の愛称で親しまれている。

※ カフェ式連続式蒸溜機
1963年、ニッカウヰスキー創業者の竹鶴政孝氏が導入し
た蒸溜機。一般的な連続式蒸溜機と比べると蒸溜効率は
劣るが、原料由来の香りや成分がほどよく残る。

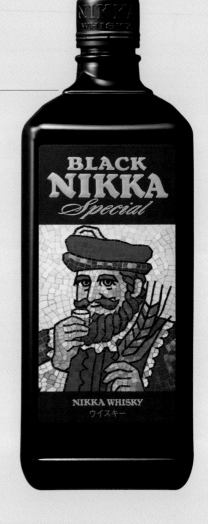

Bartender's
Impression

「42%の度数がありながらアルコールを強く感じさせない甘さと柔らかさ、
ビターなコクが特徴で、特に炭酸との相性は抜群です。ストレートやロッ
クより、何かと合わせることで個性を発揮するウイスキーですね。柑橘
系やシロップと合わせやすいですが、スパイス、コーヒー、ビネガーといっ
た主張の強い素材を使う際は量を意識したいところ。シンプルに飲むな
ら、ウイスキーフロートやお湯割りを」　　　　　　　　（津田さん）

スパイス ハイボール
Spices Highball

当店でお出ししているブラックニッカのハ
イボールは氷を入れていませんが、マイル
ドな味わいで飲みやすく、ピールしたレモ
ンの風味がよく感じられます。このレモン
の爽快感を"ツ～ン"とくる香りが特徴のカ
ルダモンに変えて作りました。ほかにクミン、
フェヌグリーク、クローブも合うと思います。

材料
ブラックニッカ スペシャル（冷凍）	40ml
ソーダ（ウィルキンソン タンサン）	190ml
カルダモンビターズ（ボブズ）	5dashes

ガーニッシュ
カルダモンパウダー	1つまみ

作り方
❶ タンブラーにカルダモンビターズを入れ、ブラック
　ニッカを加える。
❷ ソーダを一気に注ぐ。
❸ カルダモンパウダーを振りかける。

ニッカ オン ファイア
Nikka On Fire

アーモンドフレーバーのあるアマレットとブ
ラックニッカの甘味に、すっきりとした酸味
を感じるドライベルモットを合わせて、味わ
いのバランスをとりました。シナモンとジン
ジャーが香るシロップは、アクセント。さら
に、アードベッグを少量加えてブラックニッ
カのビター感を引き出しています。カクテ
ル名は"勢いがある(On Fire)"という思
いを込めて付けました。

材料

ブラックニッカ スペシャル (冷凍)	45ml
ドライベルモット (ドラン シャンベリー ドライ)	15ml
アマレット (ディサローノ)	7ml
ジンジャーブレッド シロップ (モナン)	2ml
スコッチウイスキー (アードベッグ 10年)	2ml

作り方

❶ 材料をシェイクして、冷やしたカクテルグラスにダブ
ルストレイン。

ブラック & コーラ
Black & Cola

クラフトコーラの素で作る、ウイスキーコークです。クローブ、シナモン、カルダモンが香るコーラシロップと甘くビターなブラックニッカがマッチした、ゴクゴク飲める一杯。コーラシロップはいくつか試しましたが、スパイスが効いていてしっかりとした甘味のあるものがお薦めです。

材料

ブラックニッカ スペシャル（冷凍）	30ml
コーラシロップ（クラフトコーラベース）	20ml
レモンジュース	10ml
ソーダ（ウィルキンソン タンサン）	適量

ガーニッシュ

レモンスライス	1枚

作り方

❶ 氷を入れたタンブラーにソーダ以外の材料を注いで、ステアする。

❷ ソーダで満たして、軽く混ぜる。

❸ レモンスライスを飾る。

スムース ファーザー
Smooth Father

ウイスキーとアマレットをステアして作るカクテル「ゴッドファーザー」のツイストです。スコッチウイスキーをベースに造られるリキュール、ドランブイでそのハーブ・スパイス感を加え、濃厚なゴッドファーザーのインパクトを抑えました。柔らかく、滑らかなゴッドファーザーです。

材料
ブラックニッカ スペシャル（冷凍）	60ml
アマレット（ディサローノ）	10ml
ドランブイ	1dash

作り方
❶ ロックグラスに氷と材料を入れて、ステアする。

ストレンジ ネグローニ
Strange Negroni

ジンベースで人気のカクテル「ネグローニ」のような味わいでアルコール度数もあるのに、するすると飲めてしまう不思議な一杯を作りました。ビターズではなくエッセンスを用いるのがポイントで、香りにも味わいにもアクセントを与え、ウイスキーを引き立たせています。

材料

ブラックニッカ スペシャル（冷凍）	20ml
カンパリ	20ml
スイートベルモット（カルパノ アンティカ フォーミュラ）	20ml
オレンジブロッサム エッセンス（Eau de fleur d'oranger bio Cook）	4dashes

ガーニッシュ

オレンジピール	1片

作り方

❶ ロックグラスに氷と材料を入れて、ステアする。
❷ オレンジピールをかけて、入れる。

数寄屋橋サンボア

Bartender

津田 敦史

京都府出身。19歳の時、夏休みを利用したリゾート
バイトを通してお酒に興味を持ち、求人広告でサ
ンボアに出会う。1998年より「サンボア・ザ・ヒルトン
プラザ店」に勤めた後、「堂島サンボア」の2代目に
憧れて堂島へ入門。その2年後に2代目が他界し、
サンボアを守る一員になりたいと決意。「10年修行
し、サンボアオーナー全員の承諾を得て"サンボア"
としての独立が許される」という暖簾分け制度の
条件を満たし、2009年から「銀座サンボア」での勤
務を経て、翌年10月に「数寄屋橋サンボア」を開
業する。現在、サンボアの歴史は105年で、「200
年続く暖簾にしたい」と願いカウンターに立つ。

BAR info

数寄屋橋サンボア 東京都中央区銀座7-3-16 東五ビル1F　TEL:03-3572-5466

Whisky Cocktails V

夜香木
Shinya Koba

デュワーズ ホワイト・ラベル Dewar's White Label

ロー アンド コー ROE & CO

Dewar's White Label

デュワーズ ホワイト・ラベル

生産地：スコットランド（ブレンデッドウイスキー）
アルコール度数：40%　容量：700ml
輸入元：バカルディ ジャパン

ダブルエイジ製法による滑らかな味わい

1846年、スコットランドでジョン・デュワー氏がジョン・デュワー&サンズ社を創業。その後、彼の息子であるジョン・アレクサンダー・デュワー氏とトミー・デュワー氏が引き継ぎ、世界的にポピュラーなブランドになった。ホワイトラベルは、初代マスターブレンダーのA.J.キャメロン氏が手掛けた一本。熟成したモルトウイスキーとグレーンウイスキーをブレンドし、再び樽で熟成する「ダブルエイジ製法」により滑らかな味わいを生み出している。

Bartender's
Impression

「ライトで微かにフルーティ、ほのかな甘みを感じる香りで『白いお花』のような印象。食事にも合うハイボールや水割りがお薦めです。ハイボールはウイスキーとソーダを1：3の割合、水割りはウイスキーと水を1：2の割合であまり混ぜすぎず、さっと混ぜて飲むと香りが立ちます。ボトルを冷凍庫でしっかり冷やすと加水を抑えられ、カクテルが美味しくできますよ。シトラスやプラム系のフルーツ、ジャスミンティーや白茶などと相性が良いです」

（木場さん）

マエワリ ハイボール
Maewari Highball

ソーダストリームを用いた前割りのハイ
ボールです。ウイスキーと水を1対3の割
合で、どちらもよく冷やしておくと炭酸の
入りが良くなります。デュワーズのライトで
フローラルな香り、ほのかな甘さやスモー
キーさはハイボールにぴったり。熊本・阿
蘇の軟水を合わせて1日ほど寝かせれば、
ウイスキーと水が馴染んだよりまろやかな
ハイボールが出来上がります。

材料
デュワーズ ホワイト・ラベル	30ml
サントリー天然水（阿蘇）	90ml

作り方
❶ 材料を混ぜてソーダストリームにセットし、炭酸を注
　入する。
❷ 冷蔵庫で1日ほど寝かせる。
❸ 氷を入れたタンブラーに注ぐ。

ハイビスカス（ローゼル）やラベンダーが
香る"恋するジンジャーエール"を使っ
て、ラムベースの人気カクテル「ダーク
＆ストーミー」（※）を明るく楽しいイメー
ジに。スコッチウイスキーをジンジャー
エールで割った「スコッチバック」のアレ
ンジでもあり、ハーバルでスパイシーな
一杯です。

※ **ダーク＆ストーミー**
　ダークラムとジンジャービアを混ぜて作るロ
　ングカクテル。

材料

デュワーズ ホワイト・ラベル ……………… 35ml
ジンジャーシロップ
（恋するジンジャーエール／チャンドラ エ チャンディーノ）
　………………………………………………… 10ml
ライムジュース ………………………………… 10ml
ジンジャービア（フィーバーツリー）………… 90ml

ガーニッシュ
ライムピール ……………………………………… 1片

作り方

❶ 氷を入れたタンブラーに材料を注いで、炭酸が抜け
　ないように優しくステアする。

❷ ライムピールをかけて、氷の上にのせる。

ユズ サワー

Yuzu Sour

微かなスモークのニュアンスに、柚子の
爽やかなシトラス香を感じるウイスキー
サワー。卵白によるフォームの上にアン
ゴスチュラ ビターズをスプレーして、ビ
ターな香りをトップノートに付けました。
泡と液体の香りのギャップをお楽しみく
ださい。

材料

デュワーズ ホワイト・ラベル	45ml
柚子ジャム（福田農場）	大さじ1
レモンジュース	15ml
卵白	1個分

ガーニッシュ

アンゴスチュラ ビターズ	1スプレー

作り方

❶ 卵白をシェーカーに入れて、軽くドライシェイク（氷を
入れずにシェイク）する。

❷ 残りの材料と氷を加えて、シェイクする。

❸ 氷を入れたロックグラスに注ぎ、アンゴスチュラ ビ
ターズをスプレーする。

ウメ サゼラック
Ume Sazerac

アブサンと相性の良い梅を用いた「サゼラック」(※)のツイストです。アブサン梅酒はトニックウォーター割りにしても美味しいですし、シロップは「ギムレット」などに使うとほのかにアブサンと梅の香りが広がります。デュワーズ12年をベースにすると、熟成感のあるリッチなサゼラックに。

> ※ **サゼラック**
> ライウイスキー、アブサン、ペイショーズ ビターズ、角砂糖で作るクラシックカクテル。

材料

デュワーズ ホワイト・ラベル	45ml
アブサン梅酒※1	10ml
アブサン梅酒シロップ※2	5ml
ペイショーズ ビターズ	4dashes

ガーニッシュ

レモンピール	1片

作り方

❶ 氷を入れたオールドファッションド グラスに材料を注いで、ステアする。

❷ レモンピールをかけて、入れる。

※1 [アブサン梅酒]

材料：青梅 1kg ／アブサン（アブサン ラ ションヴリエール）1400ml

① ガラス瓶容器に青梅とアブサンを入れて、半年以上浸け込む。(熊本県では、6月中旬から7月初旬にかけて採れる青梅を使用。梅の青っぽい香りをアブサンに合わせるため)

② 充分に青梅の香りが移ったら、青梅を取り除く。

※2 [アブサン梅酒シロップ]

材料：アブサン梅酒で取り除いた青梅 適量／グラニュー糖 適量

① ガラス瓶容器に青梅を入れ、青梅の半量にあたるグラニュー糖を加えて1日置く。

② 青梅を取り除いて、冷蔵保存する。

ヴュー カレ
Vieux Carre

ライウイスキーとコニャックをベースに作る
クラシックカクテル「ヴュー カレ」を自家製
のアプリコットブランデーで作りました。仕
上げにピーチビターズをスプレーして、よ
りフルーティな印象に。アプリコットブラン
デーはジンジャーエール割りや、ロックで召
し上がっても美味しいです。

材料

デュワーズ ホワイト・ラベル	20ml
月読みアプリコットブランデー※	20ml
スイートベルモット	
(マンチーノ ヴェルモット ロッソ)	20ml
ベネディクティン DOM	5ml
ペイショーズ ビターズ	4dashes

ガーニッシュ

ピーチビターズ (フィーブラザーズ)	1スプレー
レモンピール	1片

作り方

❶ 材料をステアして、クープグラスに注ぐ。

❷ ピーチビターズをスプレーし、レモンピールをかける。

※ [月読みアプリコットブランデー]
材料：アプリコット 1kg ／ブランデー (サントリーブランデー X·O デラックス) 1400ml

① ガラス瓶容器にアプリコットとブランデーを入れて、1ヶ月以上浸け込む。(熊本県では、5月末から6月にかけて採れるアプリコットを使用)

② 充分にアプリコットの香りが移ったら、アプリコットを取り除く。

ROE & CO
ロー アンド コー

生産地：アイルランド（ブレンデッドウイスキー）
アルコール度数：45%　容量：700ml
輸入元：ディアジオ ジャパン

かつての名品に敬意を込めて誕生

カクテルにしてもウイスキーらしさを活かせる味わいを目指し、アイルランドで活躍する5名のバーテンダーたちとディアジオ社が共同開発。アイリッシュウイスキー全盛期の19世紀にダブリンにあった有名なウイスキーメーカー、ジョージ・ローに敬意を込めて名付けられた。ジョージ・ロー蒸溜所は1926年に閉鎖したが、いまも風車の塔と梨の木が残されており、ラベルにも描かれている。

Bartender's
Impression

「バーボン樽熟成によるトースト香やバニラ香、焼いた洋梨を思わせるリッチな果実感のある甘い香りが特徴です。リンゴ、コーヒー、トロピカルフルーツなどと合いますね。食後にストレートやロックでゆっくりと味わうなら、保存は室温で。ロックはステアし過ぎず、はじめはストレートに近い感覚で飲むと、氷が徐々に溶けていくにつれ広がる風味を楽しめます。食後のデザートと合わせて召し上がっても」　　　　　（木場さん）

アップル ハイボール
Apple Highball

ロー アンド コーに感じる洋梨のような香りにリンゴの香りを重ねた、フレッシュでフルーティなハイボールです。飲み疲れしないよう、レモンジュースを加えて甘酸味のバランスを整えました。甘めがお好みでしたら、レモンジュースは入れなくてもOKです。

材料

ロー アンド コー	30ml
アップルタイザー	90ml
レモンジュース	5ml

作り方

❶ 氷を入れたタンブラーに材料を注いで、炭酸が抜けないように優しくステアする。

ハイボール

Cold Brew Highball

ファーストフィル熟成由来のバニラ香やスパイシーさがあるロー アンド コーにコーヒーを合わせた、ビタースイートなハイボール。レモンだと酸味が強すぎるため、ライムジュースを用いています。フルーティなコーヒーと相性の良いオレンジピールをかけて、爽やかに仕上げました。

材料
ロー アンド コー	30ml
コールドブリュー コーディアル※	20ml
トニックウォーター（フィーバーツリー）	50ml
ソーダ（ウィルキンソン タンサン）	50ml
ライムジュース	2.5ml

ガーニッシュ
コーヒービーンズ	適量
オレンジピール	1片

作り方

❶ 氷を入れたタンブラーに材料を注いで、炭酸が抜けないように優しくステアする。

❷ コーヒービーンズをグレーターで削る。

❸ オレンジピールをかけて、氷の上にのせる。

※［ コールドブリュー コーディアル ］
材料：コールドブリューコーヒー 300ml ／フルーツシュガー 300g ／クエン酸 6g ／酒石酸 6g ／塩 2.4g
① 材料を混ぜてボトリングし、冷蔵保存する。

アバカシ
Abacaxi

メキシコの発酵飲料「テパチェ」はいろ
いろな作り方がありますが、当店では発酵
の酸味をあまり出さず、スパイシーでハー
バルなスイートパイナップルウォーターに
しています。ライム酸オレンジは、オレンジ
ジュースをライムジュースの酸度に高めた
もの。「ホワイトレディ」や「サイドカー」の
酸味にも使えます。

材料
ロー アンド コー	30ml
テパチェ※1	60ml
ライム酸オレンジ※2	10ml

ガーニッシュ
ライムピール	1片

作り方
❶ オールドファッションド グラスに氷と材料を入れて、
ステアする。
❷ ライムピールをかけて、氷の上にのせる。

※1 [テパチェ]
材料：パイナップル（皮ごと）½個／レモングラス 50g
／きび砂糖 400g ／クローブ 5粒／トンカ豆（すり下ろ
す）1粒／水 1500ml

① 材料を容器に入れて、冷蔵庫で3日間乳酸発酵させる。
② 濾して、冷蔵保存する。

※2 [ライム酸オレンジ]
材料：オレンジジュース 100 ml ／クエン酸 3.2 g ／リ
ンゴ酸 2 g

① 材料を混ぜて、冷蔵保存する。

キュウシュウ
オールドファッションド
Kyushu Old-Fashioned

グランクラシコでフルーティな甘味やビター
感、炙った檜でスモーキーさをプラスした
オールドファッションド。ハゼの木から採れる
ハゼロウはカスタードクリームやキャンドルの
ような香りで、リッチなカクテルとマッチしま
す。マンハッタンに用いても面白いです。

材料

ロー アンド コー (ハゼロウ インフューズド) ※	35ml
グランクラシコ	15ml
アンゴスチュラ ビターズ	3スプレー

ガーニッシュ

オレンジピール	1片
ミント	1枝
檜	1枚

作り方

❶ 氷を入れたオールドファッションド グラスにアンゴス
　チュラ ビターズをスプレーする。

❷ ロー アンド コー、グランクラシコの順番で注ぎ、ス
　テアする。

❸ オレンジピールをかけて、氷の上にのせる。

❹ ミントと、バーナーで炙った檜を飾る。

※ [ロー アンド コー （ハゼロウ インフューズド）]
材料：ロー アンド コー 適量／ハゼロウ 適量

① ハゼロウを湯煎して溶かす。

② 空ボトルの内側に①をまんべんなく付け、室温で1時
　間ほど置いて固める。

③ ②にロー アンド コーを注ぎ、冷凍庫でひと晩浸け込
　む。

④ コーヒーフィルターで濾す。

カカオ ロブ ロイ

Cacao Rob Roy

香り高く、ほろ苦いカカオニブを浸け込んだタリスカーと、リッチなチョコレートビターズでアクセントを加えた「ロブロイ」(※)のツイスト。それぞれと相性の良いオレンジピールをかけて、やや重くもったりとした印象を軽やかにしています。

※ **ロブロイ**
スコッチウイスキー、スイートベルモット、アンゴスチュラビターズをステアして、チェリーを飾るカクテル。

材料	
ロー アンド コー	45ml
スコッチウイスキー	
(タリスカー10年／カカオニブ インフューズド)※	5ml
スイートベルモット	
(マンチーノ ヴェルモット ロッソ)	25ml
チョコレートビターズ(ボブス)	4drops

ガーニッシュ	
オレンジピール	1片
アマレーナチェリー(ファッブリ)	1個

作り方

❶ 材料をステアして、クープグラスに注ぐ。

❷ オレンジピールをかけて、チェリーを飾る。

※ [スコッチウイスキー
　　　　(タリスカー10年／カカオニブ インフューズド)]
材料:タリスカー 10年 200ml ／カカオニブ 10g

① タリスカーにカカオニブを1週間ほど浸け込む。

② ファインストレーナーで濾して、ボトリングする。

夜香木

Bartender

木 場 進 哉

熊本県長洲町出身。高校卒業後に酒屋でアルバ
イトを始め、後に熊本市内でバーテンダーとしての
キャリアをスタート。22歳で上京し、吉祥寺「リゴレッ
ト」のバーに立つ。2014年、シンガポールのスピー
クイージーバー「CACHÉ」(現在は閉店) で5年
ほど勤務し、2019年に帰国。翌年1月、熊本で「夜
香木」をオープン。築約150年の旅館を改装した
バーで、2Fには姉妹店の和食「瑠璃庵」がある。
2021年に「ディアジオ ワールドクラス」日本大会で
優勝、2023年には「Asia's 50 Best Bars」84位
にランクイン。熊本の豊かな自然から生まれた素材
を主に使用し、「ここでしか飲めない一杯」をコン
セプトにカクテルを提供している。

BAR info

夜香木 熊本県熊本市中央区南坪井町5-21 1F　TEL:090-8408-5211

Whisky Cocktails VI

Bar Scotch Cat

Taeko Takahashi

エズラブルックス ブラック EZRA BROOKS BLACK

チェイベック TÈ BHEAG

EZRA BROOKS BLACK

エズラブルックス ブラック

生産地：アメリカ（バーボンウイスキー）
アルコール度数：45％　容量：750ml
輸入元：富士貿易

とうもろこしの比率が高い
まろやかなバーボン

バーボン業界の名門、メドレー家が1950年
代に商品化。その後、オーナーが何度か変
わり、現在はアメリカ・ケンタッキー州のバー
ズタウンで2018年に誕生したラックスロウ
蒸溜所が製造している。バニラ、キャラメル、
ナッツなどを思わせる風味と、マイルドな口
当たりが特徴。原料となる穀物の比率がと
うもろこし78％、モルト12％、ライ麦10％と、と
うもろこしの比率が高く、ホワイトオークの新
樽で4年以上熟成させている。

※「エズラブルックス ブラック」は市場在
庫限りで終売。後継品として「エズラブルッ
クス 99プルーフ」が販売されています。

> **Bartender's**
> **Impression**

「バーボン特有の骨太さが控えめで、万人に受け入れられやすいマイ
ルドでスムースな味わい。ロックやストレートも飲みやすいですが、炭酸
を少なめにしたソーダ割りやエズラブルックスと水を1：1〜2で混ぜた水
割りも美味しく召し上がれます。豊かなバニラ香があり、ナッツやクリーム
系のリキュール、カルダモンやシナモンなどのスパイスと相性が良いです
ね。フルーツならアプリコットやピーチと合わせても」　　　　（髙橋さん）

ラグジュアリー ハイボール
Luxury Highball

バニラ香があり、まろやかで柔らかい口当たりのエズラブルックス。その香りをバニラビターズで高め、バニラと相性の良い爽やかでスパイシーなカルダモンを加えました。高価なスパイス、バニラとカルダモンが香るハイボールをラグジュアリーな気分でどうぞ。

材料
エズラブルックス ブラック	40ml
ソーダ	適量
バニラビターズ（ビターバスターズ）	5ml

ガーニッシュ
カルダモンパウダー	1振り

作り方
❶ 氷を入れたタンブラーにエズラブルックスとソーダを注ぎ、軽く混ぜる。

❷ バニラビターズを垂らし、カルダモンパウダーをかける。

月が綺麗ですね
The moon is beautiful

ウォッカ、ピーチリキュール、クランベリー
ジュースを混ぜて作るカクテル「ウー
ウー」を和風にツイストしました。クランベ
リーはアメリカで"おふくろの味"といわれ
ることから、日本の赤紫蘇に変えてシロッ
プに。また、ウーウーは求愛を意味するの
で、「月が綺麗ですね」と名付けました。

材料

エズラブルックス ブラック	30ml
ピーチリキュール	
(アラン・ヴェルデ クレーム・ド・ペシェ・ド・ヴィーニュ)	
	10ml
紫蘇シロップ※	30ml
ミネラルウォーター	適量

ガーニッシュ

穂紫蘇	1片

作り方

❶ 氷を入れたタンブラーに材料を注いで、ステアする。
❷ 穂紫蘇を飾る。

※ [紫蘇シロップ]

材料：赤紫蘇の葉 300g ／水 2リットル／砂糖 600g
／クエン酸 25g

① 水を鍋に入れて沸騰させ、水洗いした赤紫蘇の葉を
　加える。
② 再沸騰したら15分ほど中火で煮出して、濾す。
③ 濾した液体を鍋に戻して弱火にかけ、砂糖を入れて溶
　かす。
④ 火を止めて粗熱がとれたらクエン酸を加えて混ぜ、冷
　蔵保存する。

インディアン バノックバーン

Indian Bannockburn

トマト、ヨーグルト、クミンといったスパイスカ
レーを作るような材料で「バノックバーン」
（※）をアレンジ。塩味を加えないと味が
ぼやけるため旨味や香りもあるリーペリン
ソースを選び、ヨーグルトで爽やかな酸味
を与えました。グラスへ鼻を近づけた時に
ふわりと香るよう、クミンシードを散らしてい
ます。

※ バノックバーン
　 スコッチウイスキーとトマトジュースを混ぜるカ
　 クテル。

材料

エズラブルックス ブラック	30ml
トマトジュース	120ml
飲むヨーグルト（無糖）	30ml
リーペリンソース	8dashes
クミンパウダー	適量

ガーニッシュ

クミンシード	適量

作り方

❶ 材料をボストンシェーカーでシェイクして、氷を入れた
　 タンブラーに注ぐ。

❷ クミンシードを指でひねりながら、氷の上に散らす。

大人のダイナースイーツ
Adult Diner's Sweets

サワークリームとナッツがたっぷりかかった
アメリカンダイナーのパンケーキをイメー
ジして、甘すぎない大人のデザートカクテ
ルを作りました。サワークリームはそのまま
シェイクすると混ざりにくいので、予めハン
ドミキサーで撹拌しています。

材料

エズラブルックス ブラック	30ml
ヘーゼルナッツ リキュール（フランジェリコ）	20ml
サワークリーム	大さじ3
シンプルシロップ	1tsp

ガーニッシュ

ピーカンナッツ（飴がけタイプ）	適量

作り方

❶ サワークリームをハンドミキサーで撹拌する。

❷ ❶と残りの材料をシェイクして、カクテルグラスに注ぐ。

❸ ピーカンナッツを砕いて、かける。

JC へのオマージュ
Homage to JC

エズラブルックスは、製法もラベルデザ
インもジャックダニエルを意識して造ら
れたといわれています。ジャックダニエ
ルといえば、コーラ割り。その "ジャック
コーク" をオマージュしてコーラシロップ
を使い、イエーガーマイスターでハーブ
感と複雑さ、ドクターペッパーのようなケ
ミカルさをプラスしました。炭酸なしでも、
あの味わいが楽しめます。

材料

エズラブルックス ブラック	30ml
イエーガーマイスター	15ml
クラフトコーラシロップ（無印良品）	15ml
ライムジュース	1tsp

ガーニッシュ

ドライライム	1枚

作り方

❶ 材料をシェイクして、氷を入れたロックグラスに注ぐ。

❷ ドライライムを飾る。

TÈ BHEAG
チェイベック

生産地：スコットランド（ブレンデッドウイスキー）
アルコール度数：40%　容量：700ml
輸入元：並行輸入品

スモーキーなタリスカーがキーモルト

スコットランド・スカイ島のプラバン・ナ・リンネ社がリ
リースするブレンデッドウイスキー。ブランド名は
ゲール語で「小さな（可愛い）女性」「小さなドラ
ム（少量、一杯のウイスキー）」を意味する。モル
トの割合が比較的高く、ノンチルフィルターでボト
リングされており、同じスカイ島で造られるタリス
カーがキーモルト。繊細なピートの香りと豊かなコ
クがあり、ややクリーミー。ラベルはゲール語で表
記されている。

Bartender's
Impression

「ブレンデッドウイスキーながらキーモルトであるタリスカーのスパイシー
さが効いて、『ロブロイ』や『ラスティネイル』などのウイスキーカクテルに
"ピリリ"としたひと捻りを加えたい時に重宝しています。比較的安価で、
使いやすいのもいいですね。少し加水するとスパイシーさとモルトの甘
味が前面に出るので、トワイスアップやロックもお薦めです」　（髙橋さん）

汐風ハイボール
Shiokaze Highball

チェイベックに感じる汐の香りと、出汁の
効いたウォッカがマッチした一杯。キーモ
ルトのタリスカーと生胡椒塩漬けのスパイ
シーさ、塩味もよく合います。付け合わせ
として、生胡椒塩漬けをつまみながらハイ
ボールを召し上がってみてください。

材料

チェイベック	30ml
インフュージョン合わせ出汁ウォッカ※	10ml
ソーダ	適量

ガーニッシュ

生胡椒塩漬け	適量

作り方

❶ 氷を入れたタンブラーに材料を注ぎ、軽く混ぜる。

❷ 生胡椒塩漬けを添える。

※[インフュージョン合わせ出汁ウォッカ]

材料：ウォッカ(スミノフ) 700ml／干し椎茸 2枚／鰹節
(お茶パックなどに入れる) ひと握り／乾燥昆布 3片

① ウォッカに干し椎茸、鰹節、乾燥昆布を4～5日ほど浸
け込む。

② 浸け込んだ材料を取り出して、冷凍庫で保存する。

喫茶去
Have some tea

スモーキーなチェイベックに、香ばしい煙を思わせるいり番茶、わさびのツーンと鼻に抜ける刺激をアクセントに合わせました。昆布佃煮は噛めば噛むほど旨味が広がり、杯が進みます。喫茶去は禅語で「お茶をどうぞ召し上がれ」の意味。おもてなしの心です。

材料

チェイベック	30ml
いり番茶（京都一保堂）	150ml
おろしわさび	2cm

ガーニッシュ

昆布佃煮	3〜4枚

作り方

❶ 片口にチェイベックを入れ、おろしわさびを加えて茶筅で混ぜる。

❷ 熱いいり番茶を注いで、茶筅で混ぜる。

❸ お猪口と昆布佃煮を添える。

五右衛門
Goemon

スコットランドの義賊、ロバート・ロイ・マグ
レガー（通称ロブ・ロイ）に由来したカク
テル（※）を和風にアレンジして「（石川）
五右衛門」に。日本の誇るリキュール、
みりんがスイートベルモット、生姜汁がビ
ターズの代わり。みりんは米、米麹、焼
酎のみを使用した美味しい本みりんを。

※ **ロブロイ**
スコッチウイスキー、スイートベルモット、ア
ンゴスチュラビターズをステアして、チェリー
を飾るカクテル。

材料
チェイベック	45ml
本みりん	15ml
生姜汁（濃縮還元でも可）	1tsp

ガーニッシュ
アマレーナチェリー（ファブリ）	1個

作り方
❶ 材料をステアして、カクテルグラスに注ぐ。
❷ アマレーナチェリーを添える。

湘南ラスティ
Shonan Rusty

神奈川県が開発した優しい酸味の柑橘
「湘南ゴールド」とクランベリージュースで、
「ラスティネイル」（※）をフルーティに飲み
やすくツイスト。錆びた（Rusty）釘（Nail）
も、湘南の潮風で錆びればマイルドで明る
い味わいに。

※ **ラスティネイル**
　 ウイスキーとドランブイをステアして作るカクテル。

材料
チェイベック	20ml
ドランブイ	10ml
クランベリージュース	15ml
湘南ゴールドジュース	15ml

作り方
❶ 材料をシェイクして、カクテルグラスに注ぐ。

可愛いお嬢さん
Té Bheag nan Eilean

スコットランド・スカイ島で生まれたチェイベックの正式なブランド名 "Té Bheag nan Eilean（島の可愛いお嬢さん）" からネーミングしました。島に自生するピートの原料、ヒースの花の蜂蜜を用いた、島のお嬢さんが作るジンジャーアップルパイのイメージです。意外としっかりアルコールが効いていて、可愛いだけじゃない!?

材料

チェイベック	30ml
グリーンアップル リキュール（ルジェ グリーン アップル）	
	15ml
ジンジャーワイン（ストーンズ）	15ml
ヒースの蜂蜜	1tsp
レモンジュース	1tsp

ガーニッシュ

エディブルフラワー	1片

作り方

❶ 材料をシェイクして、カクテルグラスに注ぐ。

❷ エディブルフラワーを飾る。

Bar Scotch Cat

Bartender

髙橋　妙子

神奈川県秦野市出身。お酒とバー好きが高じて
会社勤めからバーテンダーへ転身する。瀬谷の
「Wild Gybe」、大倉山の「BAR GLORY」、平
塚の「Jazz Bar Pianoforte」を経て、2010年に
「Bar Scotch Cat」を独立開業。スコッチウイス
キーと猫を愛することから、蒸溜所で飼われる猫
にかけて名付けた。「P.B.O.カクテルフェスティバ
ル2010」金賞、「横濱インターナショナルカクテル
コンペティション2014」グランプリ受賞など、数々の
大会で活躍。趣味はドライブと料理。

BAR info

Bar Scotch Cat　神奈川県平塚市紅谷町6-24　添田土地第一ビル3F　TEL:0463-24-1910　※撮影協力 株式会社アレッド

Whisky Cocktails Ⅶ

ark LOUNGE&BAR
Toshiyuki Kubo

ジェムソン スタンダード JAMESON

ジョニーウォーカー ブラックラベル 12年
JOHNNIE WALKER BLACK LABEL AGED 12 YEARS

JAMESON
ジェムソン スタンダード

生産地：アイルランド（ブレンデッドウイスキー）
アルコール度数：40%　容量：700ml
輸入元：ペルノ・リカール・ジャパン

アイリッシュを代表する人気銘柄

1780年、スコットランド出身のジョン・ジェムソン氏
がアイルランド・ダブリンへ移住して生み出したブ
ランド。アイルランド産の大麦麦芽と未発芽の大
麦を使用したポットスチルウイスキー（※）と、グ
レーンウイスキーをブレンドして造られる。仕込水
は、蒸溜所の敷地を流れるダンガーニー川。スパ
イシー、ナッツ、バニラの香りにシェリーの甘味を
感じる、とてもなめらかでスムースな味わい。

※ ポットスチルウイスキー
　大麦麦芽と未発芽の大麦を原料に用いて、ポットスチルで
　3回蒸溜したアイルランド独自のウイスキー。

| Bartender's
Impression | 「究極のスムースさが特徴で、ストレートやロックよりも何かで割ったほう |

Bartender's
Impression

「究極のスムースさが特徴で、ストレートやロックよりも何かで割ったほう
が楽しく飲めるウイスキーです。アイリッシュコーヒーのベースにも使われ
るようにコーヒーとも合いますが、ジンジャーエール割りが最も美味しい
のではないでしょうか。シンプルなオールドファッションドなら、ポップな感
じで初心者の方も飲みやすいと思います」　　　　　　　　　　（久保さん）

Tea HIGH BALL

岩手県産のややビターなアロニアと、青森県産の甘酸っぱいカシスで造られたあっさりめのリキュールに、ベルガモットのフレーバーがするアールグレイティーを合わせた爽やかでほろ苦いハイボールです。炭酸はミドボン（業務用炭酸ガスボンベ）で注入していますが、ドリンクメイト（※）でも可能です。

※ **ドリンクメイト**
水だけでなく、ジュースやコーヒー、ワインなどに炭酸が注入できる炭酸水メーカー。

材料
ジェムソン スタンダード	30ml
KUBO アロニア × カシスリキュール	10ml
アールグレイティー	適量

作り方
❶ アールグレイティーに炭酸を注入する。
❷ 氷を入れたタンブラーにジェムソンとカシスリキュールを注いで、ステアする。
❸ ❶を加えて、軽く混ぜる。

マサラ ゴッドファーザー

MASALA GODFATHER

インド・ニューデリーのカレーレストランで本場の作り方を教わったり、紅茶で有名なダージリンで茶葉を積んだ経験を活かして、カレーに合うインド風の「ゴッドファーザー」(※)を作りました。生クリームとレモンジュースを用いた、ミルキーでクリアなカクテルです。

※ **ゴッドファーザー**
ウイスキーとアマレットをステアして作るカクテル。

材料

ジェムソン スタンダード	80ml
アマレット(ディサローノ)	40ml
チャイシロップ※	10ml
アボッツビターズ	6dashes
生クリーム(動物性)	45ml
レモンジュース	7ml

作り方

❶ 材料を容器に入れて混ぜ、コーヒーフィルターで濾過する。

❷ ミキシンググラスに移してステアし、氷を入れたロックグラスに注ぐ。

※[チャイシロップ]

材料:水 150ml ／アッサム茶葉 6g ／カルダモン(潰す) 2粒／クローブ(潰す) 2粒／ドライジンジャー 1g ／シナモン 3cm ／きび砂糖 100g

① 片手鍋で水を沸騰させ、カルダモン、クローブ、ドライジンジャー、シナモンを入れる。

② アッサム茶葉を加えて煮出し、きび砂糖を加えて溶かす。

アーティザン パンチ

Artisan Punch

ジェムソンを造る職人達のチームスピリット
と、日本の伝統文化を融合させたカクテ
ルです。「ジェムソン バーテンダーズ ボー
ル ジャパン 2016」で優勝した作品をアレ
ンジしました。職人さんが仕事後に飲む
イメージで、レシピはパンチカクテルの1杯
分です。

材料

ジェムソン スタンダード	40ml
グリーンアップル ピューレ（モナン）	10ml
抹茶シロップ（モナン）	10ml
ライムジュース	10ml
ジンジャービア（フィーバーツリー）	適量

ガーニッシュ

金粉、ヒバアロマ スモーク	各適量

作り方

❶ ジンジャービア以外の材料をシェイクして、氷を入れ
たグラスに注ぐ。

❷ ジンジャービアで満たして、軽く混ぜる。

❸ 金粉を飾り、ヒバアロマ スモークを焚く。

ジェムソン アップルサイダー

JAMESON Apple Cider

ジェムソンをアップルサイダーで割った、シ
ンプルなホットカクテルです。青森・浪岡の
リンゴ職人が作るリンゴを原料にした日
本初のホット用アップルサイダーは、やさし
い甘味を感じる果汁。冷たくして召し上が
る場合は、ミントをガーニッシュに。

材料

ジェムソン スタンダード	30ml
アップルサイダー (浪岡アップルサイダー)	適量

ガーニッシュ

シナモンスティック	1本

作り方

❶ 鍋またはレンジでアップルサイダーを軽く沸騰させ
る。

❷ ジェムソンと❶を耐熱グラスに注ぎ、ステアする。

❸ シナモンスティックを添える。

ニトロ アイリッシュコーヒー

Nitro Irish Coffee

亜酸化窒素を使った「アイリッシュコーヒー」のオマージュです。自家製でギネスシロップを作り、甘味とコクを加えました。当店では業務用のガスボンベを扱っていますが、コンパクトなエスプーマ（※）でも。ギネスビールのような、クリーミーできめ細やかな泡が楽しめます。

※ **エスプーマ**
　材料に亜酸化窒素（N_2O）や炭酸ガス（CO_2）を添加して、泡状にするツール。

材料
ジェムソン スタンダード	30ml
コールドブリューコーヒー	180ml
ギネスシロップ※	10ml

作り方
❶ 材料を混ぜて、窒素ガスを加える。
❷ アイリッシュコーヒー グラスに注ぐ。

※[ギネスシロップ]
材料：ギネスビール 適量／きび砂糖 適量

① 材料を1:1の割合で鍋に入れて弱火にかけ、きび砂糖を溶かす。

② 粗熱をとって、冷蔵保存する。

JOHNNIE WALKER BLACK LABEL AGED 12 YEARS

ジョニーウォーカー ブラックラベル 12年

生産地:スコットランド(ブレンデッドウイスキー)
アルコール度数:40%　容量:700ml
輸入元:麒麟麦酒

ブレンドの傑作と称され、高く評価されている

斜めのラベルに四角いボトル、アイコンのストライディングマン、色で分けられたラインナップと、特徴的でユニークなアイデアが光る銘柄。1820年、まだ15歳だったジョン・ウォーカー氏がスコットランド・キルマーノックに食料雑貨店を開き、紅茶やスパイスのブレンドをヒントに自らウイスキーのブレンドを手がけたのが始まり。スモーキーでオレンジのようなフルーティさがあり、バニラ様の甘味も。

Bartender's
Impression

「ブレンドの技術による、複層的な味わいが魅力。ストレート、ロック、水割り、ハイボールとそれぞれ飲み方によってフレーバーの出方が変わり、いろいろな顔を見せてくれます。スモーキーでフルーティ、樽由来のバニラやキャラメルの風味があり、特に素材を選びませんが、オレンジピールやミルクなどとの相性が良いですね。クラシックなスタンダードでも、フルーツカクテルでも使いやすいウイスキーです」　　　　　（久保さん）

ゴールデン ジャーニー
Golden Journey

2016年に開催された「ディアジオ ワール
ドクラス ジャパンファイナル」のオリジナル
カクテルチャレンジで優勝した作品のアレ
ンジです。ジョン・ウォーカー氏がスコットラ
ンド各地を旅して、その土地の名産品で
カクテルを作るというテーマで創作しまし
た。牛乳はハイランド、ヘザーハニーはス
ペイサイドの名産品です。

材料
ジョニーウォーカー ブラックラベル 12年 ……… 30ml
チャイティー※ ……………………………………… 170ml
ヘザーハニー（ヘザーヒルズ）……………………… 7ml

作り方
❶ 耐熱グラスにチャイティーとヘザーハニーを入れ
て、ステアする。

❷ ジョニーウォーカーを加えて、軽く混ぜる。

※[チャイティー]
材料：水 70ml ／アッサム茶葉 4g ／牛乳 100ml ／
カルダモン（潰す）2粒／クローブ（潰す）2粒／ドライ
ジンジャー 2g

① 片手鍋で水を沸騰させ、カルダモン、クローブ、ドライ
ジンジャーを入れる。

② アッサム茶葉を加えて煮出し、牛乳を入れて混ぜる。

ジョニーウォーカー ハイボール
Johnny Walker HIGH BALL

複数のウイスキーをブレンドすることで、味わいに奥深い複層性が生まれたジョニーウォーカー。5種類のスプレーで、その複層性を具体的に感じて頂きます。まずは手にスプレーして、好みの香りが見つかったらグラスへかけてみてください。何種類でも、何度でもかけて楽しめる体験型のハイボールです。

材料

ジョニーウォーカー ブラックラベル 12年	45ml
ソーダ	適量

ガーニッシュ

スプレー各種※	各適量

作り方

❶ 氷を入れたタンブラーにジョニーウォーカー ブラックラベル 12年を注ぐ。

❷ ソーダを加えて、軽く混ぜる。

❸ スプレーを添える。

※［ スプレー各種 ］

　［スモーキースプレー］：スモークマシンなどでウイスキー ウッドチップ 1gを燃やし、ジョニーウォーカー ブラックラベル 12年 30mlに香りをつける。

　［ウッディスプレー］：ジョニーウォーカー ブラックラベル 12年 30mlにバニラビーンズ 1gを24時間浸漬して、濾す。

　［フローラルスプレー］：ジョニーウォーカー ブラックラベル 12年 30mlにドライラベンダー 1gを24時間浸漬して、濾す。

　［フルーティスプレー］：ジョニーウォーカー ブラックラベル 12年 30mlにドライマンゴー 3gを24時間浸漬して、濾す。

　［ナッティスプレー］：ジョニーウォーカー ブラックラベル 12年 30mlにヘーゼルナッツリキュール（フランジェリコ）3mlを加えて、混ぜる。

グロリアス ウォーカー
Glorious Walker

ジョニーウォーカーが世界一のスコッチウイスキーへと駆け上がっていったように、自分も"KEEP WALKING"したいという思いを込めたカクテルです。ジョニーウォーカー ブラックラベルをバターウォッシュして、構成原酒のひとつであるクライヌリッシュの要素を強めました。

材料

バターウォッシュJWB※1	40ml
ラズベリーピューレ(モナン)	10ml
ドライベルモット(ティー インフューズド)※2	20ml
ライムジュース	10ml
卵白	1個分

ガーニッシュ

ミックスペッパー	適量

作り方

❶ 材料をシェイクして、カクテルグラスに注ぐ。

❷ ミックスペッパーを振りかける。

※1 [バターウォッシュ JWB]
材料：ジョニーウォーカー ブラックラベル12年 700ml／バター 100g

① バターを鍋に入れて火にかけ、溶かす。

② 粗熱がとれたら、ジョニーウォーカーを加えて混ぜる。

③ 容器に移して、冷凍庫でひと晩冷やす。

④ 脂肪分が固まったら濾し、ボトリングして冷蔵保存する。

※2 [ドライベルモット(ティーインフューズド)]
材料：ドライベルモット(ノイリー プラット ドライ) 750ml／ダージリン茶葉 10g

① ドライベルモットにダージリン茶葉を24時間浸け込む。

② 濾してボトリングし、冷蔵保存する。

ジョン ウォーカー ロブロイ

John Walker ROBROY

紅茶やスパイスのブレンドから着想を得
て、ウイスキーのブレンドを始めたという
ジョン・ウォーカー氏のストーリーに合わせ
て「ロブロイ」(※)をツイストしました。ダー
ジリンリキュールは金ケ崎薬草酒造さん
に造って頂いている僕のオリジナルブラン
ドで、円熟した深いコクと甘味が特徴で
す。

> **※ ロブロイ**
> スコッチウイスキー、スイートベルモット、アンゴ
> スチュラ ビターズをステアして作るカクテル。

材料

ジョニーウォーカー ブラックラベル 12年	50ml
KUBO ダージリンリキュール	15ml
スイートベルモット※	15ml
アボッツビターズ	2dashes

ガーニッシュ

グリオッティン チェリー	1個

作り方

❶ 材料をステアして、カクテルグラスに注ぐ。

❷ グリオッティン チェリーを飾る。

※[スイートベルモット]
カルパノ アンティカ フォーミュラとマンチーノ ヴェルモッ
ト ロッソを1:1で混ぜたもの。

アップルジャック ネグローニ
Apple Jack NEGRONI

リンゴの蒸溜酒、アップルジャックのフ
レーバーがする「ネグローニ」のツイス
トです。カンパリより重厚でハーブ感
の強いグラン クラシコ ビターを用いて、
余韻の長い一杯に仕上げました。ドラ
イアップルで視覚効果、ティムットペッ
パーで爽やかさを演出しています。

材料

ジョニーウォーカー ブラックラベル 12年	20ml
アップルブランデー	
（ニッカ シングルアップルブランデー 弘前）	20ml
グラン クラシコ ビター	20ml
スイートベルモット※	20ml

ガーニッシュ

ドライアップル	1枚
ティムットペッパー	適量

作り方

❶ 材料をステアして、氷を入れたロックグラスに注ぐ。

❷ ドライアップルを飾り、ティムットペッパーをかける。

※ [スイートベルモット]
カルパノ アンティカ フォーミュラとマンチーノ ヴェルモット ロッソを1:1で混ぜたもの。

ark LOUNGE&BAR

Bartender
久保　俊之

青森県八戸市出身。1991年、地元のホテルで料理人になり、翌々年にバーへ配属される。調理師専門学校の講師や飲食店のアドバイザーとして活躍し、2010年に「ark LOUNGE&BAR」をオープン。地元の風土、歴史、文化をカクテルで表現する "ローカル・ミクソロジスト" を目指す。1996年にカクテルコンペティションで初優勝してから現在に至るまで「シーバス ミズナラ マスターズ カクテルコンペティション」「ジェムソン バーテンダーズ ボール ジャパン」など10度の優勝、世界大会へ3度の出場。2021年にはS&Bカレーアンバサダーに就任し、スパイス料理とのカクテルペアリングを開催している。

BAR info

ark LOUNGE&BAR　青森県八戸市六日町8 やま正ビル2F　TEL:0178-24-5310

Food Pairing II

By BAR THREE MARTINI

手料理を味わいながら、相性の良いウイスキーと飲み方を探していく。そんな素敵な
流れから生まれた、5種類のペアリングです。

ボウモア 12年 ロック ✕ 発酵バターで作るナポリタン

PAIRING COMMENT

フルーティ&スモーキーなボウモアの旨味と、ナポリタンのベーコンや野菜の旨味が好相性。オンザロックなら、濃厚なナポリタンの味わいに負けません。ナポリタンは弱火でじっくり炒めるとケチャップの酸味が和らいで、焦げずに甘味が増します。また、発酵バターによって深みのあるコクや香りが出ます。

ボウモア 12年 ロック

材料

ボウモア 12年	45ml

作り方
❶ 氷を入れたロックグラスに、ボウモア12年を注ぐ。

発酵バターで作るナポリタン（1人分）

材料

発酵バター	15g
玉ねぎ（細切り／3mm）	適量
ピーマン（細切り／2mm）	適量
ベーコン（細切り／1cm）	適量
ケチャップ	適量
バルサミコ	少々
ブラックペッパー	少々
白ワインまたは日本酒	小さじ1
スパゲッティ（ディ・チェコ）	90g

作り方
❶ 鍋に水（分量外）を入れて沸騰させ、スパゲッティを茹でる。
❷ フライパンにスパゲッティ以外の材料を入れて強火で炒め、少し火が入ったら弱火でじっくり炒める。
❸ ❶で茹でたスパゲッティを❷に加え、しっかりと和えながらさらに炒める。

ボウモア 12年

生産地：スコットランド・アイラ島（シングルモルト）
アルコール度数：40%　容量：700ml
輸入元：サントリー

アードベッグ 10年 トワイスアップ
イチゴのフルーツサンド

PAIRING COMMENT

苺のような香りをアードベッグに感じたことから考えた組み合わせです。ステアで冷やしながらウイスキーが若干強めのトワイスアップに仕上げるため、ミネラルウォーターの量を調整しました。普通の水割りではなく、この方法だとフルーツサンドの味と香りに寄り添うことができます。フルーツサンドは工程❹で冷やすとクリームが少し固まり、カットしやすくなります。

アードベッグ 10年 トワイスアップ

材料

アードベッグ 10年	40ml
ミネラルウォーター（軟水）	30ml弱

作り方

❶ 材料をステアして、ワイングラスに注ぐ。

イチゴのフルーツサンド

材料

好みのイチゴ（ヘタを取って半分にカット）	8〜10粒
食パン（8枚切り／耳はカット）	2枚
溶かしバター	適量
生クリーム（47%）	100ml
グラニュー糖	大さじ3
マヨネーズ	小さじ1

作り方

❶ 生クリーム、グラニュー糖、マヨネーズをボウルに入れて、ホイップする。

❷ 食パンに溶かしバターを塗り、❶をその上へ均等に塗る。

❸ イチゴを片方の食パンに並べ、もう片方の食パンを重ねる。

❹ ラップで包み、冷蔵庫で冷やす。

❺ 好みの形にカットする。

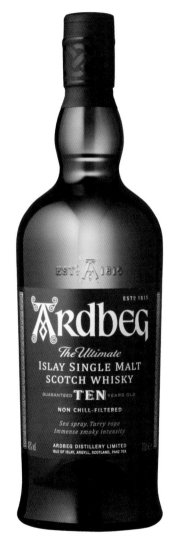

アードベッグ 10年

生産地：スコットランド・アイラ島(シングルモルト)
アルコール度数：46%　容量：700ml
輸入元：MHD モエ ヘネシー ディアジオ

響の水割り ✕ 干し柿白和え

PAIRING COMMENT

豆腐をひと晩かけて水切りした濃厚な白和えに
は、しっかりとしたボディを感じるウイスキーを。
その華やかな香りが広がる水割りを口にする
と、干し柿の甘さが引き立ちます。白和えのペー
ストさえ作っておけば、春菊などほかの材料と
和えても美味しいですよ。水割り以外に、トワイ
スアップにしても。

響の水割り

材料

響 ジャパニーズハーモニー	45ml
ミネラルウォーター（軟水）	適量

作り方

❶ 材料をステアして、カクテルグラスに注ぐ。

❷ 氷をひとつ加える。

干し柿白和え

材料

木綿豆腐	1丁
ピーナッツクリーム	小さじ3
お好みの白だし	適量
米油	大さじ3
すり胡麻	大さじ3〜4
味醂	大さじ2
干し柿（和える直前に細かくカット）	適量

作り方

❶ 木綿豆腐に重しをして冷蔵庫でひと晩置き、水切りをする。

❷ 干し柿以外の材料と❶をフードプロセッサーに入れ、滑らかな
ペースト状になるまで撹拌する。

❸ ❷と干し柿を和えて、器に盛り付ける。

響 ジャパニーズハーモニー

生産地:日本（ブレンデッドウイスキー）
アルコール度数:43%　容量:700ml
製造・販売元:サントリー

ジャパニーズウイスキーの水割り × 山形の秘伝豆煮

PAIRING COMMENT

出汁の効いた秘伝豆の風味が、スモーキー、ピーティな日本のウイスキーに合います。今回は塩味や樽のウッディさも感じる力強い余市を選びましたが、同じ北海道の厚岸蒸溜所や広島県の桜尾蒸溜所で造られるウイスキーもお薦め。秘伝豆はさまざまな種類があるので、お好みのものを探してみてください。

ジャパニーズウイスキーの水割り

材料

シングルモルト余市（ノンビンテージ） …………… 45ml
ミネラルウォーター（軟水） ………………………… 適量

作り方

❶ 氷を入れたゴブレットに余市を注いで、ステアする。
❷ ミネラルウォーターを加えて、再度混ぜる。

山形の秘伝豆煮

材料

乾燥秘伝豆（秘伝ハッピー豆） ……………………… 250g
水 ……………………………………………………… 800ml
白だし（濃縮タイプ） ………………………………… 適量
味醂 …………………………………………………… 適量
酢 ……………………………………………………… 小さじ½

作り方

❶ 乾燥秘伝豆を水にひと晩浸けて、戻す。
❷ 戻した水を捨てずにそのまま豆と一緒に鍋へ入れ、ほかの材料
を加えて火にかける。
❸ 沸騰したら弱火にし、白い泡がブクブクと沸いてきたら丁寧に掬
う。
❹ 30分ほど煮た後、ひと粒味見する。
❺ 少し歯応えのあるうちに火からおろして、タッパーへ移す。
❻ 冷めたら冷蔵庫に入れる。

シングルモルト余市

生産地：日本（シングルモルト）
アルコール度数：45%　容量：700ml
製造元：ニッカウヰスキー

オールドの水割り ✕
スパイシーカレー＆チーズのトースト

PAIRING COMMENT

1950年に発売されたオールドと、受験生が勉強の合間につまむ夜食から連想したカレートーストの"昭和"をイメージしたペアリング。オールドのシェリー樽由来の香りや甘味と、スパイシーでコクのあるトーストの旨味が合います。トーストには酸味のあるピクルスなどを添えると、より美味しく召し上がれます。

オールドの水割り

材料

サントリー オールド	45ml
ミネラルウォーター（軟水）	適量

作り方

❶ 氷を入れたタンブラーにオールドを注いで、ステアする。
❷ ミネラルウォーターを加えて、再度混ぜる。

スパイシーカレー＆チーズのトースト

材料

セロリ（葉は不要）	3本
人参（皮は剥かない）	1本
玉ねぎ	1個
バター	40g
合い挽き肉	600g
水	150ml
ブイヨン（または和風だし）	適量
カレー粉（S&B赤缶）	適量
水溶き片栗粉	適量
食パン（5枚切り）	適量
溶かしバター	適量
シュレッドチーズ	適量

作り方

❶ セロリ、人参、玉ねぎをみじん切りにしてバターで炒め、合い挽き肉を加えてさらに炒める。
❷ 水、ブイヨンを入れて、しばらく弱火で煮る。
❸ カレー粉を加えてよく混ぜ、水溶き片栗粉でペースト状になるようにまとめてタッパーに移す。
❹ 食パンに溶かしバターを塗り、❸のカレーペーストをのせる。
❺ シュレッドチーズを散らして、トースターで焼く。

サントリー オールド

生産地：日本（ブレンデッドウイスキー）
アルコール度数：43%　容量：700ml
製造・販売元：サントリー

BAR THREE MARTINI

Bartender

山下　和男／山下　綾

東京・国立で学生時代を過ごし、カフェ「ビブロ」の大川貴正さん（現・バー「ヒース」）に影響を受けてウイスキーを集め始めた山下和男さんが1994年に野毛で「スリーマティーニ」を開店。2001年、山下町へ移転した。数多くのウイスキーとノベルティグッズ、レコードが印象的で、「ダルハイ（オールドのハイボール）」と「マティーニ」がよくオーダーされる。幼少期から料理好きで独学で覚えたという綾さんのフードメニューも人気で、特に「ナポリタン」は以前からの定番。船の汽笛が響く山下公園の目の前、横浜らしさを実感できるカウンターに二人揃って立つ。

BAR info

バー スリーマティーニ　神奈川県横浜市中区山下町28 ライオンズプラザ山下公園　TEL:045-664-4833

Whisky Cocktails VIII

Savoy East Gate
Yasunobu Kinoshita

ブレット バーボン BULLEIT BOURBON

ハイランドパーク 12年 ヴァイキング・オナー
HIGHLAND PARK 12 YEAR OLD VIKING HONOUR

BULLEIT BOURBON
ブレット バーボン

生産地:アメリカ(バーボンウイスキー)
アルコール度数:45%　容量:700ml
輸入元:ディアジオ ジャパン

127年の時を経て復活した伝説の味

1987年、創業者の曾々孫にあたるトム・ブレット氏
がレシピを受け継ぎ、127年ぶりに復活したブレッ
ト家のバーボン。ケンタッキー州の純粋な石灰岩
で濾過された水で仕込み、オリジナルのイースト
菌を用いた独自のレシピで造られる。ライ麦の比
率が高く、スパイシーでクリーン。メープル、オーク、
ナツメグの香り。「喉を焼かない滑らかさ」と謳わ
れる。

Bartender's
Impression

「滑らかですっきりとしたクリーンな味わいと程よいスパイシーさは、カク
テルベースに最適なバーボンのひとつと言えるのではないでしょうか。さ
まざまな果実やナッツ、ビター系などと相性が良く、カクテルなら特にオー
ルドファッションドがお薦めです。ウイスキーの量をやや抑えた優しめの
ハイボールが個人的には好きで、オレンジピールが合いますね」

(木下さん)

オリジナル ブレット バーボン ハイボール

Original Bulleit Bourbon Highball

ブルーベリージャムで果実の甘酸味とコクを加えたハイボールです。飲む前にその香りを楽しんで頂きたいので、グラスの縁に付けました。甘味の柔らかいベリーミックスやオレンジ、蜂蜜なども合うと思います。ソーダの量はお好みですが、ウイスキーを1に対してソーダを4の割合がお薦めです。

材料

ブレット バーボン（冷凍） ……… 30ml

ソーダ（ウィルキンソン タンサン）……… 適量

ガーニッシュ

ブレット バーボン ベリージャム※ ……… 適量

作り方

❶ 冷やしたシャンパンフルートグラスの縁にブレット バーボン ベリージャムを付ける。

❷ ブレット バーボンを注ぎ、ソーダで満たして氷を加える。

※[ブレット バーボン ベリージャム]

材料：ブレット バーボン 適量／ブルーベリージャム（ストリームライン）適量

① ブルーベリージャムをブレンダーにかける。

②①のブルーベリージャムを9に対し、ブレット バーボンを1の割合で加えて混ぜる。

ベター ビター
Better Bitter

ハーバルで上品な甘味と苦味があり、余韻の長いグラン クラシコ ビター、甘い柑橘のニュアンスを感じるサンセットビターズ、ほのかに苦味のあるレモンハスクシロップを用いたビターカクテル。シロップは2〜3日目に味が落ち着いて、とろみが出てきます。ガーニッシュには、フレッシュな余韻を与えてくれるオレンジを選びました。

材料
ブレット バーボン	30ml
グラン クラシコ ビター	5ml
国産レモンハスクシロップ※	3tsp
サンセットビターズ（ボブス）	2drops
トニックウォーター（シュウェップス）	適量

ガーニッシュ
カットオレンジ	⅛個

作り方
❶ 陶器グラスに氷を入れてステアし、よく冷えたら水を切る。

❷ トニックウォーター以外の材料を注ぎ、軽く混ぜる。

❸ トニックウォーターで満たして軽く混ぜ、カットオレンジを飾る。

※［ 国産レモンハスクシロップ ］

材料：国産レモンハスク（★） 140g ／上白糖 80g

① 材料をブレンダーにかけて粉砕し、鍋に移す。

② 中火よりの弱火にかけ、皮が柔らかくなるまで煮詰める。

③ 濾して粗熱をとり、冷蔵保存する。

★ 国産レモンハスク：レモンジュースを搾った後の搾りかす。種を取り除いた状態でジップロックに入れて、冷蔵または冷凍保存しておく。

ブレシド レイン
Blessed Rain

氷を彷彿とさせる結晶化した砂糖がビンの内側に付着しているクリスタルキュンメルを使って、冬に雪へと変わる期待感のある雨を思い浮かべて創作しました。チェリーにまぶしたペタクリスピーはアクセントで、口の中でパチパチと弾けます。

材料
ブレット バーボン	30ml
キュンメル（グヨ クリスタル キュンメル）	15ml
オレンジリキュール（コアントロー）	10ml
ライムジュース	10ml

ガーニッシュ
ポッピングチェリー※	1個

作り方
❶ 材料をシェイクしてシャンパンクープグラスに注ぎ、氷を1個浮かべる。

❷ ポッピングチェリーを飾る。

※ [ポッピングチェリー]
シロップ漬けのアメリカンチェリー（種抜き）をウォッカでリンスし、グリオッティン液に1週間ほど浸漬してペタクリスピーをまぶす。

伝説の味を復活させたトム・ブレット氏は、かつて弁護士でした。その難解な仕事と、神経を尖らせて働く弁護士のイメージをミストスタイルとピンクペッパーで表現しています。このカクテルを飲んで気持ちが安らぎ、霧が晴れることを願って。

材料

ブレット バーボン	40ml
シャルトリューズ ジョーヌ（イエロー）	10ml
フェルネット ブランカ	1tsp
ライムジュース	10ml

ガーニッシュ

ピンクペッパー	1粒

作り方

❶ 材料をクラッシュドアイスでシェイクして、シャンパングラスに注ぐ。

❷ クラッシュドアイスを加え、ピンクペッパーを飾る。

ドルチェ ブレット
Dolce Bulleit

ブレット バーボンのドルチェカクテルで
す。創業者のオーガスタス・ブレット氏
がフランスからアメリカへ移住してバー
ボンを造り始めたことから、フランス料
理で使われるマデイラワインを選び、グ
ランマルニエで甘味とコクを加えました。
ガーニッシュのオレンジとチョコの甘酸
味がカクテルにより良い調和をもたらし
ます。

材料
ブレット バーボン	45ml
マデイラワイン	
（エンリケシュ&エンリケシュ フルリッチ）	10ml
グランマルニエ	5ml
アボッツビターズ（ボブズ）	2drops

ガーニッシュ
ドライオレンジ（チョコレートをまぶしたもの）	1枚

作り方
❶ 材料をステアして、大きめの氷を入れたロックグラス
　に注ぐ。
❷ ドライオレンジを飾る。

HIGHLAND PARK
12 YEAR OLD
VIKING HONOUR

ハイランドパーク 12年 ヴァイキング・オナー

生産地:スコットランド・オークニー諸島(シングルモルト)
アルコール度数:40%　容量:700ml
輸入元:三陽物産

オーカディアン独自の文化を体現

かつてヴァイキングが住んでいた、スコットランド・オークニー諸島で造られる。風が吹き荒れる寒冷な気候で高い樹木が育たないため、堆積するピートは低木のヘザーが中心。スモーキーさの中にヘザーハニーが香り、やさしい薫香と甘い余韻が長く続く。いまも伝統的なフロアモルティング(※)を行っており、オーカディアン(オークニー人)としての誇りを持つ島民の文化を体現した一本。

※ **フロアモルティング**
　製麦工程で、大麦を床に広げて数時間おきに木製シャベルで撹拌する作業のこと。機械を使わない、伝統的な製麦法。

Bartender's Impression	「ヘザーピート由来のほのかに甘いスモーキーさとハーブ感が特徴的なウイスキー。その柔らかいスモーキーさがカクテルを巧みにまとめ、副材料との相乗効果で味わいのボリュームが生まれます。ヒース(エリカ)のハーブティーと合わせると、よりオークニー諸島を感じることができますし、ナッツやカカオなどとも好相性。少し濃い目のハイボールやストレート、オンザロックもお薦めです」　　　　　(木下さん)

オリジナル ハイランドパーク ハイボール

Original Highland Park Highball

ヘザーピート由来のスモーキーフレーバーが心地良く香り、余韻の長さを充分に感じられるハイランドパークのハイボール。神戸牛ジャーキーを用いたレースチュイルの旨味がヘザーピートと絡み合い、さらに美味しい一杯になります。

材料
ハイランドパーク 12年 ヴァイキング・オナー	45ml
ソーダ（ウィルキンソン タンサン）	適量

ガーニッシュ
神戸牛レースチュイル※	1枚

作り方
❶ よく冷やしたタンブラーに氷とハイランドパーク 12年を入れて、ステアする。
❷ ソーダで満たして、軽く混ぜる。
❸ 神戸牛レースチュイルをグラスの縁にのせる。

※[神戸牛レースチュイル]
材料：薄力粉 20g ／水 180ml ／サラダ油 45ml ／塩 1g ／竹炭パウダー 1g ／神戸牛ジャーキー 2g

① 神戸牛ジャーキー以外の材料をボウルに入れて泡立て器で混ぜ、フライパンに薄くのばす。

② ①の上にカットした神戸牛ジャーキーを散らし、中火にかける。

③ 生地が網目状になったら弱火にし、パリパリになるまで水分を飛ばす。

スノー オン セイル
Snow on Sail

漁師の父がビールとコーヒー好きなことから、
仕事終わりに身体を温められるようなホット
カクテルを考えました。アマレットで落ち着
いた甘味を加え、ミネラルウォーターで飲み
やすく仕上げています。時間が経つにつれ、
香りと味わいの変化を楽しめます。

材料

ハイランドパーク 12年 ヴァイキング・オナー	45ml
ビール（アサヒ プレミアム生ビール 熟撰）	60ml
アマレット（ディサローノ）	15ml
ミネラルウォーター	15ml
上白糖	大さじ2
生クリーム（動物性）	8g

ガーニッシュ

コーヒーエキス パウダー	適量

作り方

❶ 生クリーム以外の材料を鍋に入れて火にかけ、中火
〜強火で沸騰するまで温める。

❷ マグカップに注ぎ、生クリームを加えて優しく混ぜ
る。

❸ コーヒーエキス パウダーを振りかける。

アフタヌーン ディライト
Afternoon Delight

お昼過ぎから営業している当店で、午後を楽しんで頂きたいという思いで創作したシグネチャーカクテルです。1976年、グラミー賞の新人賞を取ったスターランド・ヴォーカル・バンドの曲から名付けました。アールグレイキャンディ（氷砂糖）が徐々に溶け、心地よいベルモットとナッツのフレーバーが広がります。

材料
ハイランドパーク 12年 ヴァイキング・オナー ……… 40ml
マンチーノ ヴェルモット ビアンコ ……………… 15ml
アールグレイ キャンディ シロップ
（ミヒェルゼン アールグレイ キャンディス）………… 10ml
アーモンドビターズ（フィーブラザーズ）…… 4dashes
ライムジュース ……………………………………… 10ml

ガーニッシュ
アールグレイ キャンディ
（ミヒェルゼン アールグレイ キャンディス）………… 1個

作り方
❶ 材料をシェイクして、シャンパンクープグラスに注ぐ。
❷ アールグレイ キャンディを沈める。

オーカディアン
ミュール
ORCADIAN MULE

スコットランドの貴重なヘザーハニーをシロップにして加えた、モスコーミュールのツイストです。蒸溜所で使われるオークニー特有のヘザーピートから着想しました。バニリック ヘザーハニーシロップは、メスカルやカシャッサなど少しクセのあるスピリッツにもアクセントとして使えます。

材料

ハイランドパーク 12年 ヴァイキング・オナー	40ml
ライムジュース	15ml
バニリック ヘザーハニーシロップ※	½tsp
アンゴスチュラ ビターズ	2drops
ジンジャーエール	適量

ガーニッシュ

カットライム	⅙個

作り方

❶ 氷を入れたグラスにジンジャーエール以外の材料を加えて、ステアする。

❷ ジンジャーエールで満たして、軽く混ぜる。

❸ カットライムを飾る。

※[バニリック ヘザーハニーシロップ]

材料：バニラビーンズ 2g ／ヘザーハニー 30g ／シンプルシロップ 100ml

① バニラビーンズをカットして種を取り出し、ヘザーハニーに常温で2日ほど浸け込む。

② 鍋に移してシンプルシロップを加え、弱火にかける。

③ バニラの香りが立ってきたら火を止める。

④ 茶こしで濾してボトリングし、冷蔵保存する。

ノースリンク サワー
NORTHLINK Sour

スコットランド本土北端とオークニーを結ぶ
大型のフェリー「ノースリンク」をイメージし
て作ったサワーカクテルです。ハイランド
パークの特徴であるヘザーの香りと、アー
モンドシロップのコクと厚みで構成しました。
仕上げにオレンジピールをかけて、複層的
な味わいにしています。

材料

ハイランドパーク 12年 ヴァイキング・オナー	30ml
ヘザーコーディアル※	15ml
卵白	10ml
アーモンドシロップ(モナン)	10ml
ライムジュース	5ml

ガーニッシュ

オレンジピール	1片

作り方

❶ 材料をシェイクして、大きめの氷を入れたシャンパン
クープグラスに注ぐ。

❷ オレンジピールをかけて、飾る。

※[ヘザーコーディアル]
材料：ヘザー(生活の木) 5g ／水 70ml ／蜂蜜 50g
／レモンジュース 40ml

① レモンジュース以外の材料を鍋に入れて、沸騰する直
前まで弱火よりの中火にかける。

② 火を止め、粗熱がとれたらレモンジュースを加えて混
ぜる。

Savoy East Gate

Bartender

木下　恭伸

香川県丸亀市広島出身。瀬戸内海に浮かぶ塩飽諸島から神戸へ訪れ、兄に連れられたバーでバーテンダーに興味を持つ。その後、神戸のバー「サヴォイ北野坂」で14年間研鑽を積む中、「ビーフィーター グローバル バーテンダー コンペティション MIXLDN 2016」JAPAN Finalist TOP5や、「WORLD CLASS」日本大会TOP10に2018年、2022年と選ばれるなど活躍。2023年3月、師匠である木村義久氏より屋号・店舗を引き継いで独立開業する。特に薬草酒とベルモットを取り揃え、自家製材料を用いたカクテルが得意。グレープフルーツやオリーブ、塩まで自ら作る。神戸のクラフトジン「365」の監修もしている。

BAR info

Savoy East Gate 兵庫県神戸市中央区中山手通1-5-6　東門中島ビル201号室　TEL:078-333-6808

Whisky Cocktails IX

Tom & Jerry Bar
Shuichi Tanaka

グレンモーレンジィ オリジナル GLENMORANGIE THE ORIGINAL

ザ シングルトン ダフタウン 12年 THE SINGLETON DUFFTOWN 12 YEARS OLD

GLENMORANGIE
THE ORIGINAL
グレンモーレンジィ オリジナル

生産地：スコットランド・ハイランド（シングルモルト）
アルコール度数：40%　容量：700ml
輸入元：MHD モエ ヘネシー ディアジオ

ユニークな造りが生み出す複雑な風味

キリンとほぼ同じといわれる背の高いポットスチル
（5.14m）を使用し、グレンモーレンジィ専用の特
別な樽「デザイナーカスク」で熟成。スコットランド
では珍しい硬水を仕込み水に選び、クリーミーでフ
ルーティな味わいを生み出している。オレンジなど
の柑橘やミントの爽やかな香り、バニラのような甘
い香りを感じるオリジナルは、グレンモーレンジィ
の代表作だ。

Bartender's
Impression

「鮮やかなオレンジのボトルが印象的で、その名にも"orange"が入っ
ていることから『明るい』『元気づける』『不安や悲しみなど心の痛み
を和らげてくれる』色と捉え、アウトドアや癒しをひとつのテーマに創作
しました。柑橘のフレーバーや爽やかなハーブ、花などとよく合います。
バーボン樽由来のバニラ香やフローラルな風味を活かせるよう、副材
料とのバランスに気をつけたいですね」　　　　　　　　　（田中さん）

ホリデイズ イン ザ サン
Holidays in The Sun

休日に太陽の下で飲みたくなるような、ア
ウトドア向けのハイボールです。ガーニッ
シュは柑橘系のレモンやオレンジ、ミント
やローズマリーなど、爽快感のあるものを。
その季節を感じられるガーニッシュを選ん
でもいいですね。少量加えたオレンジフラ
ワーウォーターが、ハイボールに華やかさ
を与えています。

材料

グレンモーレンジィ オリジナル（冷凍）	30ml
ソーダ（能勢ミネラルソーダ）	100ml
オレンジフラワーウォーター	3dashes

ガーニッシュ

レモンスライス、オレンジスライス	各1枚
ミント	1枝

作り方

❶ 氷を入れたカップにグレンモーレンジィを注いで、ス
テアする。

❷ ソーダとオレンジフラワーウォーターを加え、軽く混
ぜる。

❸ ガーニッシュを飾る。

ハイランダー フィズ

Highlander Fizz

スコットランド・ハイランドを代表するウイスキー、グレンモーレンジィにイギリスで欠かせないハーブのエルダーフラワーを合わせてフィズスタイルに。エルダーフラワーのマスカットに似た風味は、ジャスミンティーの爽やかさと抜群にマッチします。工程❸でティーバッグごと入れるのは、スローイングしながら効率よくジャスミンの香りを移すためです。

材料

グレンモーレンジィ オリジナル（冷凍）	40ml
エルダーフラワー コーディアル	15ml
レモンジュース	5ml
シンプルシロップ	5ml
ジャスミン茶葉	2g（ティーバッグ 1袋）
熱湯	30ml
ソーダ（能勢ミネラルソーダ）	45〜60ml

ガーニッシュ

レモンスライス	1枚

作り方

❶ ボストンシェーカーの片方にジャスミン茶葉を入れ、熱湯を注いで2〜3分置く。

❷ もう片方にグレンモーレンジィ、エルダーフラワーコーディアル、レモンジュース、シンプルシロップを入れる。

❸ ❶をティーバッグごと❷に移し、氷を加えてスローイングする。

❹ ティーバッグを外して氷ごとタンブラーに注ぎ、ソーダを加えて軽く混ぜる。

❺ レモンスライスを飾る。

セント オブ マザー

Scent of Mother

カモミールのリンゴフレーバーに蜂蜜の甘
味とリンゴ酢の酸味を加え、繊細でフルー
ティなグレンモーレンジィと合わせました。
神経系を鎮める効能のあるカモミールが
"マザーハーブ（母なる薬草）"と呼ばれ
ることからカクテル名を付け、その名のと
おり柔らかい味わいに。カモミールティー
以外の量を調整すれば、ローアルコール
にもできます。

材料

グレンモーレンジィ オリジナル	40ml
カモミールティー	80ml
蜂蜜	10ml
リンゴ酢	5ml

ガーニッシュ

リンゴスライス	2枚
クローブ	1本

作り方

❶ ボストンシェーカーの片方に材料を注ぐ。

❷ もう片方に氷を入れて、❶とスローイングする。

❸ 氷ごとワイングラスに注ぎ、ガーニッシュを飾る。

クリア & カーム
Clear & Calm

ラムベースのカクテル「ダーク＆ストーミー」のツイストで、ジンジャービアを発酵オレンジジュースで代用しました。マーマレードを入れると、発酵によって味わいが複雑かつクリアになります。発酵オレンジジュースはジンやウォッカ、ダークラム、コニャックの割材としても使えます。

材料
グレンモーレンジィ オリジナル（冷凍）　　40ml
発酵オレンジジュース※　　100ml

ガーニッシュ
オレンジスライス　　1枚
ローズマリー　　1本

作り方
❶ 氷を入れたカップにグレンモーレンジィを注いで、ステアする。
❷ 発酵オレンジジュースを加えて、軽く混ぜる。
❸ ガーニッシュを飾る。

※［発酵オレンジジュース］
材料：水 500ml ／オレンジマーマレード 150g ／オレンジの皮 ¼個分／クローブ 5粒／レモンジュース 20ml ／ドライイースト 1.5g

① 水、オレンジマーマレード、オレンジの皮、クローブを鍋に入れて沸騰させ、弱火で10分ほど煮込む。
② 火を止め、人肌程度まで冷めたら濾す。
③ レモンジュース、ドライイーストを加えてよく混ぜ、ドライイーストを溶かす。
④ 密封できるペットボトルなどに移し、半日〜 1日ほど室温で置く。
⑤ 一度蓋を開け、中の空気を抜いて再び密封し、冷蔵庫で保存する。

サイレント フォース
Silent Fourth

その口当たりの良さと、愛車の静かでスムースな走りを重ねて英国の実業家が命名したといわれるカクテル「サイレントサード」。ゲール語で"大いなる静寂の谷"を表すグレンモーレンジィをベースに、より一層飲みやすくアレンジしました。レモンカードの酸味がアクセントとなり、すっきりとした滑らかな仕上がりに。

材料
グレンモーレンジィ オリジナル	30ml
コアントロー（カルダモンフレーバード）※1	15ml
オレンジジュース	20ml
ハニーコーディアル※2	1tsp
レモンカード	10g

ガーニッシュ
砕いたピスタチオ	適量

作り方
❶ 材料をシェーカーに入れ、スプーンで混ぜながらレモンカードを溶かす。

❷ 氷を加えてシェイクし、カクテルグラスに注ぐ。

❸ 砕いたピスタチオを振りかける。

※1［ コアントロー（カルダモンフレーバード）］
材料：コアントロー 200ml ／カルダモンシード 1g
① コアントローにカルダモンシードを10日ほど浸け込み、濾す。
② ボトリングして、常温で保存する。

※2［ ハニーコーディアル ］
蜂蜜とレモンジュースを2:1で混ぜる。

THE SINGLETON DUFFTOWN 12 YEARS OLD

ザ シングルトン ダフタウン 12年

生産地：スコットランド・スペイサイド（シングルモルト）
アルコール度数：40%　容量：700ml
製造元：ディアジオ ジャパン

2つの異なる樽が織り成す絶妙なバランス

ディアジオ社が「シングルトン」のブランド名でリ
リースするボトルで、当初はアジア向けにグレン
オード、アメリカ・カナダ向けにグレンデュラン、そ
してヨーロッパ向けにダフタウンが販売されてい
た。オニオン型の銅製ポットスチルで低温蒸溜し、
シェリー樽とバーボン樽を用いた軽やかでフルー
ティな味わいと滑らかな口当たり。原酒のほとん
どがブレンド用で、シングルモルトとして味わえる
のはごく僅か。

Bartender's
Impression

「シェリー樽からの風味を考慮し、ストレートやロックスタイルで楽しみ
たいウイスキー。オイリーな味わいや、ビターチョコレートのようなフレー
バーがあります。カクテルを構成する時は甘味+苦味、甘味+スパイシー
さや香ばしさ（シナモン、ジンジャー、メープル、カカオなど）を加えること
が多いですね。また、冷却や希釈によって感じやすくなる酸味や渋みを
甘味で上手く整えられるように心がけています」　　　　　（田中さん）

ネオ カウチ ポテト
Neo Couch Potato

ジャンクなものを食べたり飲んだりしな
がら、1日中だらだらとソファーで過ごす
"Couch Potato"に、新しいという意味の
"Neo"を近年流行りの「クラフト」とかけ
て創作しました。グレンモーレンジィで作っ
たカクテル "Holidays in The Sun"と
の対比で、インドア向けのハイボールです。
たまには、のんびり過ごす日があっても良
いですよね?

材料

ザ シングルトン ダフタウン 12年（冷凍）	30ml
クラフトコーラ シロップ（無印良品）	20ml
ソーダ（能勢ミネラルソーダ）	80ml

ガーニッシュ

ライムスライス	1枚

作り方

❶ 氷を入れたタンブラーに、シングルトンとクラフト
コーラ シロップを注いでステアする。

❷ ソーダで満たして軽く混ぜ、ライムスライスを飾る。

スコーチ ネイル

Scorch Nail

ウイスキーとドランブイをステアするカクテル「ラスティネイル」のツイストです。ドランブイをバタースコッチと麦焼酎で代用し、Rusty（錆びた）からバタースコッチの語源ともいわれるScorch（焦げた）へ。青鹿毛はほかの麦焼酎よりも焦がした風味や香ばしさが強く、このカクテルのネーミングにマッチする味わいに仕上がります。

材料

ザ シングルトン ダフタウン 12年	30ml
バタースコッチ リキュール（マリエンホーフ）	15ml
麦焼酎（青鹿毛）	15ml

作り方

❶ 氷を入れたロックグラスに材料を注いで、ステアする。

フォービドゥン ウイスキー マック

Forbidden Whisky Mac

英陸軍のマクドナルド大佐が愛飲した
カクテル「ウイスキーマック」に禁断の
酒・アブサンを加えた、"Forbidden
fruit"（禁断の果実）がモチーフの一
杯。昔のジンジャーワインは今のものより
しっかりした味わいだったと推測し、ウ
イスキーとジンジャーワインの比率を2：
1ではなく同量にしています。アブサン
をフロートすることで、ウイスキーマック
とアブサンの風味を個々に楽しめます。

材料

ザ シングルトン ダフタウン 12年	30ml
ジンジャーワイン（ストーンズ）	30ml
アブサン（アルテミジア バタフライ）	5ml

作り方

❶ 氷を入れたロックグラスにシングルトンとジンジャー
ワインを注いで、ステアする。

❷ アブサンをフロートする。

ザ パープル アース
The Purple Earth

ヘザーハニーの深い味わいと、ヒース
ティーの華やかで自然な酸味がシングル
トンと合わさり、複雑かつ独特な風味を感
じるカクテルに。夏の終わりから初秋にか
けて、ヘザーがスコットランドの大地を鮮
やかな紫色に染める光景を表現しました。
スコットランドの自然からなる"ザ・スコッチ
ウイスキーカクテル"です。

材料

ザ シングルトン ダフタウン 12年	40ml
ハニーコーディアル※1	10ml
ヒースティー※2	30ml
ヘザーハニー	5g

ガーニッシュ

乾燥ヒース	適量
アイシングシロップ（固めて砕いたもの）※3	適量

作り方

❶ カップにヘザーハニーを入れる。

❷ ヒースティーを濾しながら注ぎ、ヘザーハニーを溶
かすように混ぜ合わせる。

❸ シングルトン、ハニーコーディアル、クラッシュドアイ
スを加えて、かき混ぜる。

❹ ガーニッシュを表面に散らし、ストローを添える。

※1［ ハニーコーディアル ］
蜂蜜とレモンジュースを2:1で混ぜる。

※2［ ヒースティー ］
材料：ヒースパウダー 1tsp ／熱湯 30ml

① ヒースパウダーに熱湯を注いで、2～3分ほど置く。

※3［ アイシングシロップ（固めて砕いたもの）］
材料：水 10g／グラニュー糖 20g／アイシングカラー
（ウィルトン／バイオレット）1滴

① 水とグラニュー糖を鍋に入れて火にかけ、グラニュー
糖を溶かす。

② アイシングカラーを加え、弱火でとろみがつくまで煮
詰める。

③ クッキングシートに広げ、固まったらはがして砕く。

ゴッド ファーザー イン ベッド
God Father in Bed

小説『ゴッドファーザー』の登場人物、ドン・コルレオーネが就寝時に1日の疲れを癒すべくカクテルを飲むとしたら……? ウイスキーとアマレットをステアするカクテル「ゴッドファーザー」に、アールグレイのベルガモットフレーバーでフルーティさを加えて複雑な味わいのホットカクテルに仕上げました。アッサムなどの茶葉を使って甘味を少し足し、ミルクティーにしても美味しいと思います。

材料
ザ シングルトン ダフタウン 12年	30ml
アマレット（ディサローノ）	15ml
アールグレイティー※	100ml

ガーニッシュ
オレンジスライス	1枚
シナモンスティック	1本

作り方
❶ 温めておいたティーカップにアールグレイティーを注ぎ、シングルトンとアマレットを加えて混ぜる。

❷ オレンジスライスを浮かべ、シナモンスティックを添える。

※[アールグレイティー]
材料：アールグレイ茶葉 1g ／熱湯 100ml

① アールグレイ茶葉に熱湯を注いで、2〜3分ほど置く。

Tom & Jerry Bar

Bartender

田中　秀一

2002年、23歳の時に大阪・北新地のバー「Bar,K」でバーテンダーとしてのキャリアを本格的にスタート。2009年に渡英してロンドンのバー「モンゴメリープレイス」（現在は閉店）で研鑽を積み、英国流のカクテルやその発想を学ぶ。2011年、帰国して再び「Bar,K」に勤務し、2015年に自身のバー「Tom & Jerry Bar」をオープン。英国の定番カクテルや、日英での経験を掛け合わせたユニークなカクテルを提供している。

BAR info

Tom & Jerry Bar　大阪府大阪市北区曽根崎新地1-8-9 北新地NORTHビルB1F　TEL:06-6344-0565

Whisky Cocktails X

The Bellwood
Atsushi Suzuki

バスカー アイリッシュウイスキー THE BUSKER IRISH WHISKEY

リッテンハウス ライ ボトルド・イン・ボンド RITTENHOUSE RYE BOTTLED-IN-BOND

THE BUSKER
IRISH WHISKEY

バスカー アイリッシュウイスキー

生産地:アイルランド(ブレンデッドウイスキー)
アルコール度数:40%　容量:700ml
輸入元:ウィスク・イー

新進気鋭、話題のアイリッシュウイスキー

大道芸人を意味するブランド名と、ちぎれた切符
をモチーフにしたラベルが印象的な一本。アイル
ランド・カーロウのロイヤルオーク蒸溜所が生産、
2016年に操業をスタートしたばかりだが既に多
くのファンを虜にしている。トロピカルフルーツ、バ
ニラ、ダークチョコレート、シナモンのフレーバー。
3種の樽 (バーボン、シェリー、マルサラワイン) を
用いた、滑らかな口当たり。

Bartender's
Impression

「フルーティさと力強さを兼ね備えた、バランスの良いアイリッシュウイス
キー。割っても、そのままでも美味しいですね。カクテルに用いる場合
も、さほど素材を選びません。例えばオレンジやエルダーフラワー、カカ
オなどと合いますし、組み合わせの多様性があるように思います。た
だ、材料を複雑にし過ぎるとウイスキー本来の個性が失われ、バランス
も崩れやすくなるので注意が必要です」　　　　　　　　　　　(鈴木さん)

ティペラリー ハイボール
The Tipperary Highball

日本ではあまり馴染みのないクラシックカ
クテル「ティペラリー」(※)のハイボール
バージョンです。「マンハッタン」のベー
スをアイリッシュウイスキーにしてシャルト
リューズ ヴェールを加えたもので、滑らか
で爽やかな味わい。そのオリジナルレシピ
の分量を変えて酸味を加え、ハイボール
に仕上げました。

※ティペラリー
　アイリッシュウイスキー 45ml、スイートベル
　モット 15ml、シャルトリューズ ヴェール 5ml、
　アンゴスチュラビターズ 1dashをステアして、
　カクテルグラスに注ぐ(鈴木さんレシピ)。

材料
バスカー ……………………………………… 30ml
スイートベルモット(マンチーノ ヴェルモット ロッソ)
　………………………………………………… 10ml
シャルトリューズ ヴェール(グリーン) ……… 5ml
ライムジュース ………………………………… 5ml
ソーダ …………………………………………… 100ml

ガーニッシュ
グレープフルーツ ピール ……………………… 1片

作り方
❶ タンブラーに氷を入れてステアし、水分を切る。
❷ ソーダ以外の材料を❶に注いで、ステアする。
❸ ソーダを加えて、軽く混ぜる。
❹ グレープフルーツ ピールをかけて、氷の上にのせ
　る。

アイリッシュ コーヒー アンド トニック
Irish Coffee and Tonic

ほろ苦く香ばしいコーヒーに生クリームの甘さが調和するアイリッシュコーヒーと、爽やかなコーヒートニックの組み合わせ。グラニュー糖ではなく、少量でしっかりと甘味を感じられ、サラッとしていて混ぜやすいアガベシロップを使用しました。見た目の印象より、さっぱりとした味わいです。

材料

バスカー	30ml
コールドブリュー コーヒー※1	30ml
アガベシロップ	1tsp
レモンジュース	1tsp
トニックウォーター（フィーバーツリー）	60ml
チョコレートクリーム※2	20ml

ガーニッシュ

チェリーチョコレート	1個

作り方

❶ トニックウォーターとチョコレートクリーム以外の材料をタンブラーに入れてステアし、氷を加える。

❷ チョコレートクリームをハンドブレンダーで撹拌する。

❸ ❶にトニックウォーターを注ぎ、軽く混ぜる。

❹ ❷をフロートし、チェリーチョコレートを飾る。

※1 [コールドブリュー コーヒー]
材料：コーヒー粉 100g ／蒸留水 900ml

① 蒸留水にコーヒー粉を入れて、常温で12時間浸け込む。

② 濾して、ボトリングする。

※2 [チョコレートクリーム]
材料：ホイップクリーム 20g ／チョコレートビターズ（スクラッピーズ）5dashes

① 材料をハンドブレンダーで撹拌する。

アイリッシュ オ レ

Irish Au Lait

すべての材料に同じ品種のコーヒー豆（浅煎り、ミルク出しにするとチーズのような風味の出るタイプ）を用いて作ったコーヒーカクテルです。バスカーとミルクブリュー　コーヒー共に相性の良いリレ　ブランを加えて、味わいに厚みを出しました。駄菓子は日本人にとって懐かしいものですが、海外の人たちにとっては新しいもの。このカクテルの和と洋の融合を表現するため、ガーニッシュに選びました。

材料
バスカー（コーヒーインフューズド）※1 ………… 20ml
リレ　ブラン（コーヒーインフューズド）※2 ……… 20ml
ミルクブリュー　コーヒー※3 ………………… 60ml
コーヒーシロップ※4 ………………………… 2tsp

ガーニッシュ
麩菓子 …………………………………………… 1個

作り方
❶ 材料をステアして、マティーニグラスまたはクープグラスに注ぐ。
❷ 麩菓子を飾る。

※1 [バスカー（コーヒーインフューズド）]
材料：バスカー 700ml ／コーヒー粉 75g
① バスカーにコーヒー粉を入れて、常温で48時間浸け込む（コーヒーのえぐみが出ないよう、一切動かさない）。
② 濾して、ボトリングする。

※2 [リレ　ブラン（コーヒーインフューズド）]
材料：リレ　ブラン 750ml ／コーヒー粉 75g
① リレ　ブランにコーヒー粉を入れて、常温で48時間浸け込む（コーヒーのえぐみが出ないよう、一切動かさない）。
② 濾して、ボトリングする。

※3 [ミルクブリュー　コーヒー]
材料：牛乳 1500ml ／コーヒー粉（ティーバッグに入れる）100g
① 材料を容器に入れて、冷蔵庫で8時間浸け込む。
② 濾して、ボトリングする。

※4 [コーヒーシロップ]
材料：水出し珈琲／グラニュー糖
① 水出し珈琲とグラニュー糖を1：2の割合で鍋に入れ、火にかける。
② グラニュー糖がしっかり溶けたら、粗熱をとってボトリングする。

アイリッシュ コールド ティー

Irish Cold Tea

華やかな香りとほのかな甘さが楽し
めるアイリッシュウイスキーのお茶割り
です。サクラとスミレをブレンドしたマ
ンチーノ ヴェルモット、フローラルでフ
ルーティなサンジェルマンでその風味を
表現し、オレンジピールで全体の味わい
を引き締めました。コールドブリュー焙
じは、焼酎やウイスキーをベースにした
お茶割りに用いても美味しいです。

材料	
バスカー	30ml
マンチーノ ヴェルモット サクラ	10ml
エルダーフラワー リキュール (サンジェルマン)	1tsp
コールドブリュー焙じ※	100ml

ガーニッシュ	
オレンジピール	1片
ベイリーフ	1枚

作り方

❶ 材料をステアして、ワイングラスに注ぐ。

❷ オレンジピールをかけて、バーナーで炙ったベイリーフを飾る。

※[コールドブリュー焙じ]

材料：焙じ茶 8g ／蒸留水 500ml

①蒸留水に焙じ茶を入れて、常温で12時間浸け込む。

②濾して、ボトリングする。

アイルランド系日本人の珈琲

Irish Japanese Coffee

自分がアイルランド系日本人になったつ
もりで創作した、アイリッシュコーヒーが
コンセプトのカクテルです。爽やかな木
の香りがするギリシャの樹液リキュール
「マスティハ」と、日本のきな粉を合わ
せた和洋折衷な一杯。コーヒーは、ナ
チュラル系で酸味のある浅煎りのもの
でしたら代用できます。

材料

バスカー	30ml
コーヒー (＋ Colors Coffee／Indonesia)	100ml
マスティハ (ディーエス・コンセプツ スキノス)	5ml
アガベシロップ	1tsp
きな粉クリーム※	20ml

ガーニッシュ

胡麻	適量
オレンジピール	1片

作り方

❶ きな粉クリーム以外の材料をステアして、ティーカップに注ぐ。

❷ きな粉クリームをフロートする。

❸ 胡麻とオレンジピールをかける。

※ [きな粉クリーム]
材料：ホイップクリーム 20g ／きな粉 1g
① 材料をハンドブレンダーで撹拌する。

RITTENHOUSE RYE BOTTLED-IN-BOND

リッテンハウス ライ ボトルド・イン・ボンド

生産地：アメリカ（ライウイスキー）
アルコール度数：50%　容量：750ml
輸入元：－

ボトルド・イン・ボンド法に基づく正統派

アメリカ・ケンタッキー州、ルイビルにあるヘブンヒル蒸溜所が造るストレート ライウイスキー（※1）。シトラス、バニラ、ココア、蜂蜜の風味と、ライ麦由来のスパイシーさが絡み合う。1897年、粗悪品がはびこっていた時代にアメリカで制定された「ボトルド・イン・ボンド（※2）」に基づく製法で造られ、ラベルにも表記されている。

※1 ストレート ライウイスキー
ライ麦を51%以上使用して80%以下で蒸溜、内側を焦がしたオークの新樽にアルコール度数62.5%以下で樽詰め、熟成したものがライウイスキー。2年以上熟成すると「ストレート」と名乗ることができる。

※2 ボトルド・イン・ボンド
ひとつの蒸溜所で1シーズン（1～6月または7～12月）に蒸溜し、アルコール度数50%、4年以上の熟成を経た原酒のみを使用するという規定。

Bartender's
Impression

「ライ麦をしっかり感じる香りとフルーティさがありながら、ややドライな味わい。原料のライ麦ととうもろこしのバランスが良く、ほのかにスパイシーな印象もあります。炭酸、水、お湯で割るとウイスキーの個性が引き出せるので、個人的には割って楽しむことが多いですね。いろいろな材料を入れたりよく混ぜたりしなくても、適度な温度と加水で美味しく飲めます。イチジクやブドウなど黄・赤・紫系のフルーツ、コーヒーや番茶など茶系のお茶と合います」

（鈴木さん）

タップ & ハイ
Tap and High

ホップの香りや苦味の濃度をギュッと高めた濃縮IPA（タップビール＝Tap）と、リッテンハウスのソーダ割り（ハイボール＝High）のコラボレーション。IPAは濃縮させることで、少量でもビールの大きなインパクトを与えることができます。適度な加水量と温度帯にするため、工程❷で100回ステアしています。

材料
リッテンハウス ライ	30ml
濃縮IPA※	10ml
ソーダ（ウィルキンソン タンサン）	100ml

ガーニッシュ
オレンジピール	1片

作り方
❶ タンブラーに氷を入れてステアし、水分を切る。
❷ ソーダ以外の材料を❶に注ぎ、100回ステアする。
❸ ソーダを加えて、軽く混ぜる。
❹ オレンジピールをかけて、氷の上にのせる。

※[濃縮IPA]
材料：ビール（IPA）1本

① 膨張しても破損しない容器にビールを入れて、冷凍庫で凍らせる。
② シノワや漏斗に移し、70％ほどの液体を抽出（放置して自然にポタポタと落とす）してボトリングする。

意識高めなウイスキーコーク
Rye & Coke for Hipsters

フィグリーフをリッテンハウスに浸けて作った、華やかで"意識高め"なウイスキーコークです。ワインは新しいものでも良いですが、自宅で飲みきれなかったり、店舗で残ってしまったものを再利用してみてください。❷の工程でコーラと同じくらいの温度まで冷えるよう、充分にステアするとコーラと混ざりやすくなります。

材料
リッテンハウス ライ (フィグリーフ インフューズド) ※

	30ml
赤ワイン	10ml
リンゴジュース	40ml
レモンジュース	2tsp
コーラ	75ml

ガーニッシュ
グレープフルーツ ピール	1片
セミドライ イチジク	1個

作り方
❶ タンブラーに氷を入れてステアし、水分を切る。
❷ コーラ以外の材料を❶に注いで、ステアする。
❸ コーラを加えて、軽く混ぜる。
❹ グレープフルーツ ピールをかけて、セミドライ イチジクを飾る。

※ [リッテンハウス ライ (フィグリーフ インフューズド)]
材料：リッテンハウス ライ 750ml ／フィグリーフ 20g
① リッテンハウス ライにフィグリーフを入れて、常温で24時間浸け込む。
② 濾して、ボトリングする。

TBW マンハッタン
TBW Manhattan

クラシックカクテル「マンハッタン」を味わ
いの構成は変えずに、チョコレートと薬草
の風味を加えて味噌の塩味と共に楽し
んで頂けるようアレンジしました。京番茶
の日本独特な燻香をアメリカのライウイス
キーに移した、和洋折衷な風味がベース。
TBW（The Bellwood）仕様のマンハッ
タンです。

材料
リッテンハウス ライ（京番茶インフューズド）※	60ml
養命酒	25ml
チョコレートビターズ（スクラッピーズ）	5dashes

ガーニッシュ
八丁味噌パウダー	適量
レモンピール	1片

作り方
❶ マティーニグラスまたはクープグラスに八丁味噌パ
　ウダーをリムする。
❷ 材料をステアして、❶に注ぐ。
❸ レモンピールをかける。

※［ リッテンハウス ライ（京番茶インフューズド）］
材料：リッテンハウス ライ 750ml ／京番茶 7.5g
①材料を真空パックに入れて、真空調理器で3時間湯せ
　んする。
②濾して、ボトリングする。

ブールヴァルディエ ＋（プラス）

Boulevardier +

海外だけでなく日本でも徐々に広まって
きた、ネグローニのウイスキー版「ブー
ルヴァルディエ」。アルコール度数がや
や高く、重厚なカクテルですが、ぶどう
酢とオレンジビターズを加えて味わいを
より複雑に、飲み口はさっぱりと仕上げ
ました。ぶどう酢の豊かな香りと酸味、
ビターズの苦味が効いています。

材料

リッテンハウス ライ 25ml

カンパリ 15ml

スイートベルモット（マンチーノ ヴェルモット ロッソ）
.... 15ml

ぶどう酢（ココ・ファーム・ワイナリー ベルジュ風＊葡萄酢）
.... 5ml

オレンジ ビターズ（アンゴスチュラ オレンジ ビターズ）
.... 1drop

ガーニッシュ

オレンジピール 1片

作り方

❶ 氷を入れたロックグラスに材料を注いで、ステアする。

❷ オレンジピールをかける。

ファンキー トディ
Funky Toddy

黒茶が持つ発酵感を活かした、"Funky"なホットト
ディ（※）です。甘くスパイシーなリッテンハウスに蜂蜜
の程よい甘味を、黒茶特有の発酵からくる酸味にベ
ルガモットの爽やかでフローラルな香りを合わせまし
た。和と洋が織り成すフレーバーをお楽しみください。

※**ホットトディ** スピリッツ、砂糖、熱湯で作るホットカクテル。

材料

リッテンハウス ライ	30ml
黒茶	100ml
ベルガモットリキュール（イタリカス）	5ml
生蜂蜜	1tsp

ガーニッシュ

青柚子ピール	1片

作り方

❶ 材料をステアして、ティーカップに注ぐ。
❷ 青柚子ピールをかける。

The Bellwood
Bartender
鈴木　敦

24歳で単身NYへ渡り、名店「Angel's Share」で
勤めた後に渡英。ロンドンでバーテンダー経験を積
み、カナダ・トロントに拠点を移す。2013年、「Buffalo
Trace Cocktail Competition」で優勝。翌年
に帰国し、SG Group代表・後閑信吾氏から上海
「Speak Low」でのヘッドバーテンダーのオファー
を受け中国へ。2017年、中国代表として「ザ・シー
バス マスターズ グローバルカクテルコンペティショ
ン」で優勝。同年、「DRiNK MAGAZINE BAR
AWARD」で日本人初のBARTENDER OF
THE YEARを受賞する。2018年、渋谷「The SG
Club」の立ち上げに携わり、2020年6月に自身初の
店舗となる「The Bellwood」をオープン。

BAR info

The Bellwood 東京都渋谷区宇田川町41-31　TEL:03-6452-5077

カクテルベースにお薦めの
ウイスキー 20

本書「代表的なウイスキーカクテル7」「名匠がつくる、スタンダードウイスキーカクテル」に登場したウイスキーと、10種類の創作ウイスキーカクテルを作って頂いたバーテンダーさんたちが営業時に使用されているウイスキーを中心に、カクテルベースにお薦めの銘柄を20種類ご紹介します。

バランタイン ファイネスト
Ballantine's FINEST

アルコール度数：40%	
容量：700ml	
生産地：スコットランド	
輸入元：サントリー	

40種類以上のシングルモルトをブレンドした豊かでなめらかな風味と、バニラや蜂蜜を思わせる甘く華やかでバランスの良い香り。1827年にジョージ・バランタイン氏が創業、ウイスキーのブレンディングを芸術の域にまで昇華させた。カクテル「ロブロイ」などのベースに。

カティサーク オリジナル
CUTTY SARK

アルコール度数：40%	
容量：700ml	
生産地：スコットランド	
輸入元：アサヒビール	

イギリスの快速帆船「カティサーク号」が名前の由来。フレッシュで軽快なブレンデッドスコッチで、ソーダやジンジャーエールで割るだけで手軽に楽しめる。1923年の発売当時から変わらない、山吹色のラベルが映える。

ホワイトホース 12年
WHITE HORSE AGED 12 YEARS

アルコール度数：40%	
容量：700ml	
生産地：スコットランド	
輸入元：麒麟麦酒	

日本市場専用に開発されたホワイトホースのプレミアム品。華やかでフルーティな香りとまろやかな味わいで、和食にも合う。ウイスキーの風味を残しつつ、甘酸味のバランスをとるようなカクテルに。「ウイスキー サワー」「ブラッド アンド サンド」など。

ホワイトマッカイ スペシャル
WHYTE & MACKAY

アルコール度数：40%	
容量：700ml	
生産地：スコットランド	
輸入元：明治屋	

造船で栄えたスコットランド南西部のクライド川が流れる場所で、ジェームズ・ホワイト氏とチャールズ・マッカイ氏が生み出したホワイト＆マッカイ。独自の製法"トリプルマチュアード"による香り高く、スムースで豊かな味わい。

● スコッチ／ブレンデッドモルト

モンキーショルダー
MONKEY SHOULDER

アルコール度数：40%	
容量：720ml	
生産地：スコットランド	
輸入元：三陽物産	

スペイサイドのモルトウイスキーをスモールバッチでブレンドした、100%モルトのブレンデッドモルトウイスキー。オレンジとの相性が抜群で、カットオレンジを添えたハイボール "さるハイ" がお薦め。音楽とカクテルのライブイベント "MONKEY MIX" などでウイスキーの新しい楽しみ方を発信している。

● スコッチ／シングルモルト

ブルックラディ
ザ・クラシック・ラディ
BRUICHLADDICH
THE CLASSIC LADDIE

アルコール度数：50%	
容量：700ml	
生産地：スコットランド	
輸入元：	
レミー コアントロー ジャパン	

スコットランド産大麦を100%使用し、無着色、ノンチルフィルターの蒸溜所を代表するフラッグシップ。アイラ島のウイスキーでノンピートは珍しい。カクテルイベントでは金木犀とソーダを合わせたカクテルや、栗を用いたデザートカクテルが出されたことも。

タリスカー 10年
TALISKER
AGED 10 YEARS

アルコール度数：45.8%	
容量：700ml	
生産地：スコットランド	
輸入元：	
MHD モエ ヘネシー ディアジオ	

海を感じる塩と力強いピート、爆発的な胡椒の風味が特徴。イギリスの文豪、ロバート・ルイス・スチーブンソンに "King of Drinks（酒の王様）" と評された。そのスモーキーさをアクセントとしてカクテルに用いる場合がある。

● アメリカン／バーボン

オールド グランダッド
OLD GRAND-DAD

アルコール度数：40%	
容量：750ml	
生産地：アメリカ	
輸入元：サントリー	

ラベルに描かれた「オールドグランダッド（おじいさん）」は、創設者のベイジル・ヘイデン氏。孫にあたる3代目のレイモンド・B・ヘイデン氏がレシピを受け継ぎ、自身の造るバーボンに命名した。クラシックカクテルの「オールドファッションド」「ニューヨーク」などに。

ノブ クリーク
KNOB CREEK

アルコール度数：50%
容量：750ml
生産地：アメリカ
輸入元：サントリー

ビーム家6代目のブッカー・ノウ氏が、禁酒法以前のバーボンを目指して復刻。9年を超える熟成とアルコール度数50%のパワフルな甘味を感じるバーボンで、リッチな余韻が長く続く。ノブ クリークのウェブサイトでは、ロックスタイルの「マンハッタン」が紹介されている。

フォアローゼズ ブラック
Four Roses Black Label

アルコール度数：40%
容量：700ml
生産地：アメリカ
輸入元：麒麟麦酒

4輪の薔薇が目を引く華やかな香りが特徴のバーボンで、"ブラック"は日本限定で発売されている。柔らかな甘さと、ナツメグやシナモンのほのかなスパイス感。やや長めの熟成による芳醇でまろやかな味わい。

ミクターズ US★1 バーボンウイスキー
Michter's US★1 Bourbon Whiskey

アルコール度数：45.7%
容量：700ml
生産地：アメリカ
輸入元：ウィスク・イー

1753 年、ペンシルベニア州シェーファーズタウンで設立された長い歴史を持つ。樽由来の芳醇なバニラ、スモーキーで深みのあるリッチなキャラメル。ライウイスキーも発売されており、「マンハッタン」や「オールドファッションド」などにお薦め。

メーカーズマーク
Maker's Mark

アルコール度数：45%
容量：700ml
生産地：アメリカ
輸入元：サントリー

赤い封ろうが印象的なボトルは、スタッフが一本ずつ手作業でディッピングしている。スイート&スムースな味わいを目指して選ばれた原料は、冬小麦。ふくらみのある繊細な甘みと、柔らかい余韻が続く。オレンジなどのフルーツと相性が良く、カクテルコンペティションでベースに選ばれることも。

ワイルドターキー 8年
WILD TURKEY
AGED 8 YEARS

アルコール度数：50.5%

容量：700ml

生産地：アメリカ

輸入元：CAMPARI JAPAN

101プルーフ、8年熟成で造られるワイルドターキーのフラッグシップ。深い琥珀色は、アリゲーターチャー（※）によるもの。ジン（タンカレー）とウイスキーを同量でステアして作るカクテル「フランシス アルバート」のベースに指定されている。

※成分溶出しやすいように樽の内側を加熱処理する際の焼き加減で、アリゲーターチャーが最も強い。

● アメリカン／テネシー

ジェントルマン ジャック
GENTLEMAN JACK

アルコール度数：40%

容量：750ml

生産地：アメリカ

輸入元：アサヒビール

ジャックダニエルらしい独特のフレーバーを残しつつ、2度のチャコール・メローイング（木炭濾過）による極めてなめらかな味わいを実現。ジャックダニエルのサイトでは、ベルモットのスイートとドライを両方用いた「ジェントルマン・マンハッタン」が紹介されている。

● アメリカン／ライ

テンプルトン
ライウイスキー 6年
TEMPLETON RYE
AGED 6 YEARS

アルコール度数：45.75%

容量：750ml

生産地：アメリカ

輸入元：ウィスク・イー

禁酒法時代、アメリカでギャングを中心に愛飲されていたライウイスキーをオマージュした一本。2006年に復活し、2018年には原点となるアイオワ州テンプルトンの町に蒸溜所を設立した。ライ麦を95%使用した深く芳醇な味わいと、ドライスパイス、花、バタースコッチの香り。

ホイッスルピッグ 10年
スモールバッチ・ライ
WHISTLEPIG SMALL BATCH RYE
AGED 10 YEARS

アルコール度数：50%

容量：700ml

生産地：アメリカ

輸入元：
MHD モエ ヘネシー ディアジオ

築150年のファームハウスを改装した蒸溜所で、マスターディスティラーのデイヴ・ピッカレル氏が設計したオリジナル銅製ポットスチルにより蒸溜される。オレンジピール、キャラメル、アニスの香りと、スパイスやトフィーの風味を感じる力強い味わい。

●カナディアン

カナディアンクラブ
クラシック 12年
Canadian Club
AGED 12 YEARS

アルコール度数：40%

容量：700ml

生産地：カナダ

輸入元：サントリー

C.C.の愛称で親しまれるカ
ナディアンクラブのフルボ
ディータイプ。クリーミーで
スムース、リッチでまろやか
なオークから長くドライな後
味へと続く。カナディアンク
ラブのサイトでは、ソーダ割
りとクラマトジュースで割っ
た「ブラッディ・シーザー」の
アレンジが掲載されている。

●アイリッシュ

タラモアデュー
TULLAMORE DEW

アルコール度数：40%

容量：700ml

生産地：アイルランド

輸入元：サントリー

1829年、アイルランド中部
の町タラモアで蒸溜所が設
立された。後に、経営を任さ
れたダニエル・E・ウィリアム
ス氏のイニシャル "DEW"
を加えてブランド名に。ジン
ジャーエール割りやアップル
ジュース割り、ビール（IPA）
割りなど多くのカクテルレシ
ピがタラモアデューのサイト
で提案されている。

ブッシュミルズ
ブラックブッシュ
BUSHMILLS
BLACK BUSH

アルコール度数：40%

容量：700ml

生産地：アイルランド

輸入元：アサヒビール

大麦麦芽（モルト）にこだわ
り、アイルランド産の大麦を
100％使って造られる。オロ
ロソシェリー樽とバーボン
樽で熟成させたモルト原酒
と、少量生産のグリーンウイ
スキーをブレンド。シェリー
樽由来の甘さと重厚な味わ
い、モルトの柔らかさが調和
する。

ティーリング
シングルモルト
TEELING SINGLE MALT

アルコール度数：46%

容量：700ml

生産地：アイルランド

輸入元：スリーリバーズ

アイルランド・ダブリンのイン
ディペンデントボトラー（独
立瓶詰業者）、ティーリングウ
イスキー社がリリースするシン
グルモルト。5種類の樽で
フィニッシュしたモルトをブ
レンドしており、甘くフルー
ティで長い余韻を楽しめる。

名匠がつくる、
スタンダードウイスキーカクテル Ⅰ

城.
Hirokazu Sato

※特に記載のない場合、ボトルは常温、レモンやライムはフレッシュジュースを使用しています。

ロブ ロイ
Rob Roy

COCKTAIL RECIPE

材料
スコッチウイスキー
（フェイマスグラウス／1990年代頃流通） ……………… 40ml
スイートベルモット（ブトン ロッソ アンティコ） …………… 20ml
アマレット（ルクサルド） ………………………………… 10ml

作り方
❶ ワイングラスにウイスキーとスイートベルモットを注いで、スワリングする。
❷ ミキシンググラスに大きなブロック氷を1つ入れ、アマレットでリンスする。
❸ リンスした氷を覆うように❶を❷へ移してゆっくりとステアし、カクテルグラスに注ぐ。

[ロブ ロイのスタンダードレシピ]
材料：スコッチウイスキー 45ml ／スイートベルモット 15ml ／アンゴスチュラビターズ 1dash
ガーニッシュ：マラスキーノ チェリー 1個

① 材料をステアして、カクテルグラスに注ぐ。
② マラスキーノ チェリーを飾る。

BARTENDER'S COMMENT

1980年代まで造られていたイタリア・ブトン社のスイートベルモットは、甘味・苦味・香味すべてにおいてバランスが良く、とても気に入っている銘柄です。ロブロイは、この味わいを膨らませるようにスコッチを用いて調製した濃厚なベルモットカクテルのイメージ。甘くてクセがなく、アルコールのカドが取れた柔らかいテイストのフェイマスグラウスがベルモットの味を引き立て、リンスしたアマレットがベルモットの華やかさを強調してくれます。

ラスティ ネイル
Rusty Nail

COCKTAIL RECIPE

材料

バーボンウイスキー（ウッドフォードリザーブ ダブルオークド）⋯⋯ 40ml
ドランブイ（1990年代流通）⋯⋯⋯⋯⋯⋯⋯⋯⋯⋯⋯⋯⋯⋯ 20ml
トニックウォーター（シュウェップス）⋯⋯⋯⋯⋯⋯⋯⋯⋯⋯ 2tsp

作り方

❶ 片口（片側に注ぎ口がついた器）に材料を入れて、ゆっくりとステアする（液体を激しく動かすとアルコール自体の香りと味が強く出てしまうため、ゆっくりと馴染ませるように）。

❷ スニフターグラスへ静かに注ぐ。

[ラスティ ネイルのスタンダードレシピ]

材料：スコッチウイスキー 30〜45ml／ドランブイ 25〜30ml

① 氷を入れたロックグラスに材料を注ぎ、ステアする。

BARTENDER'S COMMENT

一般的なスコッチベースではなく、当店では味の濃いバーボンで作っています。ドランブイが気品と華やかさを与え、まるでヴィンテージのアルマニャックのような味わいに。ロックスタイルのカクテルをスニフターで提供するため、氷から溶け出す水分をトニックウォーターに置き換え、その苦味と渋みで味を引き締めました。ドランブイはスコッチをベースにしたリキュールなので、ドランブイとスコッチを合わせてもドランブイの延長線でしかないというのが私の考え。カクテルは2種類以上の材料を合わせて、それ単体では到達できない味わいを生み出せるのも魅力だと思っています。

セント アンドリュース
St Andrews

COCKTAIL RECIPE

材料

スコッチウイスキー
（オールドパース PXシェリー リミテッドエディション） ……………… 15ml
ドランブイ（1990年代流通）………………………………………… 15ml
オレンジジュース …………………………………………………… 30ml
ライムジュース ……………………………………………………… ⅓tsp
冷凍マンゴー（2cm角）……………………………………………… 4個程度

[セント アンドリュースの
　　　　　　　スタンダードレシピ]

材料：スコッチウイスキー 20ml ／ドランブイ 20ml ／オレンジジュース 20ml

① 材料をシェイクして、カクテルグラスに注ぐ。

作り方

❶ マンゴー以外の材料をシェーカーに入れ、氷→マンゴー→氷の順番で加えてシェイクする。

❷ カクテルグラスにダブルストレイン。

BARTENDER'S COMMENT

ベースに用いたオールドパースは、小豆系の和菓子のような甘塩っぱさが強く、後からサルファリー（硫黄）が漂ってくるウイスキー。ドランブイとオレンジジュースにサルファリーなウイスキーを合わせると、暖色系のトロピカルフルーツのような味になります。その味わいを膨らませるイメージで通常のレシピよりも果汁を増やし、冷凍マンゴーを氷の一部として使いました。マンゴー味にしたいわけではないため、氷を組む時の順番は大事です。

ジョン コリンズ

John Collins

COCKTAIL RECIPE

材料
スコッチウイスキー
（フィンドレイター 12年／1990年代流通） ……………… 45ml
レモンジュース（搾り置き） ……………………………… 20ml
ピュアシロップ※ ……………………………………………… 4tsp
ソーダ（ザ・プレミアムソーダ FROM YAMAZAKI） ……… 45ml

ガーニッシュ
グリオッティン チェリー ……………………………………… 2個
レモンピール …………………………………………………… 1片

作り方

❶ ソーダ以外の材料をタンブラーに注ぎ、充分にステアする。

❷ クラックドアイスを入れて数回ステアし、そのまま静置する（液体に氷の温度を移す）。

❸ ソーダを加えて、しっかりと混ぜる。

❹ チェリーを飾り、レモンピールをかける。

※[ピュアシロップ]
材料：上白糖 320g ／ソーダ（ザ・プレミアム ソーダ FROM YAMAZAKI） 140ml ／塩 ½つまみ

① 材料を鍋に入れて火にかけ、上白糖を溶かす（焦げないように、煮詰めない）。

② 粗熱をとって容器に移し、常温で保存する。

[ジョン コリンズのスタンダードレシピ]
材料：ウイスキー 45ml ／レモンジュース 20ml ／シンプルシロップ 2tsp ／ソーダ 適量
ガーニッシュ：スライスレモン 1枚／マラスキーノ チェリー 1個

① 氷を入れたタンブラーに、ソーダ以外の材料を注いでステアする。

② ソーダで満たして、軽く混ぜる。

③ ガーニッシュを飾る。

BARTENDER'S COMMENT

蒸溜酒＋レモンジュース＋ソーダのカクテルで大事にしているのは、「しっかり糖分を加えて、しっかり混ぜる」ことです。レモンジュースを20ml程度も加えると液体の甘味がかなり抑えられ、ソーダで割るとレモンの酸味が支配的になってバランスが取れなくなります。特に、ウイスキーのように樽で熟成された蒸溜酒は酸味との相性が良くないため、糖分の甘味で両者を繋げる必要があります。ピュアシロップを使うと、液体に厚みが出ます。

オールド パル
Old Pal

COCKTAIL RECIPE

材料

テネシーウイスキー（ジェントルマンジャック）	15ml
ライウイスキー（ジャックダニエル ストレート ライ）	5ml
ベルモット（ビエルム ブランコ）	15ml
リレ ブラン	5ml
カンパリ	20ml
オレンジキュラソー（ボルス プルミエ）	10ml程度

作り方

❶ ワイングラスにオレンジキュラソー以外の材料を注いで、スワリングする。

❷ ミキシンググラスに大きめのブロック氷を1つ入れる。

❸ ❷をオレンジキュラソーでリンスしながら冷やし、水分を切る。

❹ ❸に❶を移してステアし、フルートグラスに注ぐ。

[オールド パルのスタンダードレシピ]

材料：ライウイスキー 20ml ／ドライベルモット 20ml ／カンパリ 20ml

① 材料をステアして、カクテルグラスに注ぐ。

BARTENDER'S COMMENT

オールドパルは、カンパリのビターオレンジ由来のフルーティさがポイントだと考えています。ライウイスキーとリレブランを少量加え、オレンジキュラソーでリンスしているのはそのフルーティさを活かすため。ライウイスキーのスパイシーで芳醇な味わいは果実の溌剌とした味わいを引き立ててくれます。ゆっくりとしたステアでアルコールのとろみを出し、澄んだガーネット色のカクテルが綺麗に映えるフルートグラスに注いで完成です。

サイレント サード

Silent Third

COCTAIL RECIPE

材料

スコッチウイスキー	
（ザ・グレンリベット 13年 ファーストフィル アメリカンオーク） ………	36ml
トリプルセック（マリーフランソワーズ） ………………………	12ml
レモンジュース（搾り置き） ……………………………………	12ml
粉糖	1tsp
ピュアシロップ※	⅓tsp

作り方

❶ 材料をシェーカーに入れて、充分に混ぜ合わせる。

❷ シェーカーの7分目までやや小さめの氷を5〜6個加え、シェイクする。

❸ カクテルグラスにダブルストレイン。

※[ピュアシロップ]

材料：上白糖 320g／ソーダ（ザ・プレミアム ソーダ FROM YAMAZAKI） 140ml／塩 ½つまみ

① 材料を鍋に入れて火にかけ、上白糖を溶かす（焦げないように、煮詰めない）。

② 粗熱をとって容器に移し、常温で保存する。

[サイレント サードの
               スタンダードレシピ]

材料：スコッチウイスキー 30ml／ホワイトキュラソー 15ml／レモンジュース 15ml

① 材料をシェイクして、カクテルグラスに注ぐ。

BARTENDER'S COMMENT

スコッチのテイスティングコメントに頻出する柑橘系のワードと、サイレントサードのレモンジュースとトリプルセック。これらに共通する柑橘に注目して、"サイレントサードというブレンデッドウイスキー"を作るイメージで調製しています。使用するウイスキーによって、ガラッと雰囲気の変わるカクテル。グレンリベットのほか、「グレンモーレンジィ 14年 ザ エレメンタ」など爽やかな柑橘味が前面に出て、モルト由来のオイリーさを感じないスッキリした軽快なウイスキーをベースに選ぶと良いと思います。

ホット ウイスキー トディ
Hot Whiskey Toddy

COCKTAIL RECIPE

材料

テネシーウイスキー（ジェントルマンジャック）	30ml
水（白神山地の水）	75ml
黒糖	8g
ピュアシロップ※	¼tsp

ガーニッシュ

レモンスライス	1枚
スターアニス	1個

作り方

❶ 材料を手鍋に入れて火にかけ、黒糖を溶かしながら温める。
❷ フツフツと沸き始めたら、片口に移し替える。
❸ 手鍋に戻して、また片口に移す。
❹ ❸を再度繰り返して、温度を落ち着かせる。
❺ 片口から耐熱グラスに注ぐ。
❻ レモンスライスを入れ、スターアニスを浮かべる。

※［ ピュアシロップ ］

材料：上白糖 320g ／ソーダ（ザ・プレミアム ソーダ FROM YAMAZAKI）140ml ／塩 ½つまみ

① 材料を鍋に入れて火にかけ、上白糖を溶かす（焦げないように、煮詰めない）。
② 粗熱をとって容器に移し、常温で保存する。

［ ホット ウイスキー トディの スタンダードレシピ ］

材料：ウイスキー 45ml ／角砂糖 1個 ／熱湯 適量
ガーニッシュ：スライスレモン 1枚／クローブ 2〜3粒／シナモンスティック 1本

① 耐熱グラスに角砂糖を入れて、少量のお湯で溶かす。
② ウイスキーを注いで、熱湯で満たす。
③ スライスレモン、クローブを入れて、シナモンスティックを添える。

BARTENDER'S COMMENT

甘味に蜂蜜、スパイスにクローブやシナモンなどさまざまな選択肢があり、作り手によって個性の出るカクテル。私は黒糖を用いて、まろやかでホッとする味わいにしています。ミネラル分が多い黒糖は塩味を強く感じてしまう場合があるので、なるべくマイルドなものを選びたいですね。また、片口に移すのは粗熱をとるため。60℃程度でコーヒーの味が最も馴染むように、このカクテルもそれくらいの温かさにしています。

ペーパー プレーン

Paper Plane

COCKTAIL RECIPE

材料

アマーロ（アマーロ ノニーノ）	25ml
アマーロ（アマーロ コーラ／1980年代流通）	5ml
アペロール	20ml
バーボンウイスキー（ウッドフォードリザーブ ダブルオークド）	20ml
レモンジュース	15ml
ピュアシロップ※	⅓tsp

作り方

❶ 材料をシェイクして、大振りのクープグラスにダブルストレイン。

※[ピュアシロップ]

材料：上白糖 320g ／ソーダ（ザ・プレミアム ソーダ FROM YAMAZAKI）140ml ／塩 ½つまみ

① 材料を鍋に入れて火にかけ、上白糖を溶かす（焦げないように、煮詰めない）。

② 粗熱をとって容器に移し、常温で保存する。

[ペーパー プレーンの
　　　　　　　スタンダードレシピ]

材料：バーボンウイスキー 15ml ／アマーロ ノニーノ 15ml ／アペロール 15ml ／レモンジュース 15ml

① 材料をシェイクして、カクテルグラスに注ぐ。

BARTENDER'S COMMENT

イタリアのグラッパメーカー、ノニーノ社が造るリキュール「アマーロ ノニーノ」にインスピレーションを得たバーテンダーによって考案された背景から、その味わいを活かすよう調製しました。通常のレシピではやや酸味が強いのでレモンジュースを抑え気味にし、繊細なアマーロ ノニーノの味わいを補完するため濃度の高い「アマーロ コーラ」を少量加えています。こちらは終売になっているオールドボトルですが、現行のアマーロでも濃度があって甘く、バランスの良いものであれば代用できます。

ブルックリン
Brooklyn

COCKTAIL RECIPE

材料

ライウイスキー (ジャックダニエル ストレート ライ)	50ml
ベルモット (ビエルム ブランコ)	10ml
アメールピコン	½tsp
マラスキーノ	¼tsp
アプリコットリキュール (マリーフランソワーズ)	10ml

[ブルックリンのスタンダードレシピ]

材料 : ライウイスキー 40～45ml ／ドライベルモット 15～20ml ／アメールピコン 1dash ／マラスキーノ 1dash

① 材料をシェイクして、カクテルグラスに注ぐ。

作り方

❶ ウイスキー、ベルモット、アメールピコンをワイングラスに入れて、スワリングする。

❷ カクテルグラスにマラスキーノを沈めておく。

❸ ミキシンググラスに大きなブロック氷を1つ入れ、アプリコットリキュールでリンスする。

❹ ❶を❸に移してステアし、❷に注ぐ。

BARTENDER'S COMMENT

インパクトのある味や香り（アロマティックビターズやアブサンなど）を用いてアクセントを与えたり、まろやかなテイスト（オレンジビターズやパルフェタムールなど）で味を重層的にするなど、ベースとなるお酒以外の材料を1～2dash加えるカクテルがあります。ブルックリンはどちらも加えたカクテルで、アメールピコンがインパクト、マラスキーノがまろやか。すべての材料を混ぜると、マラスキーノが全体に飲み込まれて味がまとまらなくなるため、グラスに沈めてまだらに混ぜることでその香味を活かしています。

ハンター

Hunter

COCKTAIL RECIPE

材料

ライウイスキー（ジャックダニエル ストレート ライ） ·············· 40ml

さくらんぼリキュール
（クレームドスリーズドブルゴーニュ／ジャン フィリップ マルシャン） ······ 15ml

グリオッティン チェリーの浸漬液 ······················· 5ml

カットライム（搾った後のもの） ······················ ⅛個

スコッチウイスキー（ラフロイグ 10年） ·················· 1dash

作り方

❶ カクテルグラスにラフロイグを入れておく。

❷ 残りの材料をシェイクして、❶にダブルストレイン。

[ハンターのスタンダードレシピ]

材料：ウイスキー 40 〜 45ml ／チェ
リーブランデー 15 〜 20ml

① 材料をステアして、カクテルグラスに
　注ぐ。

BARTENDER'S COMMENT

蒸溜酒と濃厚なリキュールのみを組み合わせたカクテルを作る際、搾った後のカットライムを
加えてシェイクすることがあります。蒸溜酒とリキュールだけだと味がぼやけてしまう傾向があ
るためで、ライムの渋みやえぐ味により味に輪郭をつけています。果汁でも輪郭をつけられま
すが、蒸溜酒とリキュールだけで構成されている「ハンター」の本来の味わいを崩したくない
ので、あえて控えています。また、少量のラフロイグでチェリーリキュールの野性味を引き出し
ました。

城.

Bartender

佐藤　博和

東京都出身。実家が鮨屋だったことから、カウンター商売に興味を持つ。大学卒業後、町場のバーやホテルバー、珈琲専門店などで勤務。2012年、南青山で「bar cafca.」を開店。厳選された酒と独自のレシピ、幻想的な空間、希少なクリスタルグラス、それらに囲まれる非日常の時間を提供する。2020年の改装後、店名を「城.」に。特定の師はなく、同業者の仕事や立ち振る舞いを学ぶことが最たる礎となっている。

BAR info

城. 東京都港区南青山3-5-3　ブルーム南青山 B1F　TEL:03-3470-1446

名匠がつくる、
スタンダードウイスキーカクテル Ⅱ

Bar d
Takeshi Tanabe

※特に記載のない場合、ボトルは常温、レモンやライムはフレッシュジュースを使用しています。

サンタ バーバラ
Santa Barbara

COCKTAIL RECIPE

材料

バーボンウイスキー（ウッドフォードリザーブ）	20ml
バーボンウイスキー（ウッドフォードリザーブ ダブルオークド）	10ml
アプリコットブランデー	10ml
グレープフルーツ ジュース	20ml
レモンジュース	0.5〜1.5tsp
粉砂糖	1tsp

ガーニッシュ

グレープフルーツ ピール	1片

作り方

❶ 材料をシェイクして、カクテルグラスに注ぐ。

❷ グレープフルーツ ピールをかける。

[サンタバーバラのスタンダードレシピ]

材料：バーボンウイスキー 45ml ／アプリコットブランデー 2dashes 〜 1tsp ／グレープフルーツ ジュース 15ml ／シンプルシロップ 2dashes 〜 1tsp

① 材料をシェイクして、カクテルグラスに注ぐ。

BARTENDER'S COMMENT

アメリカ・カリフォルニア州にある都市の名前が付いたカクテルです。なめらかなウッドフォードリザーブに、コクと深みを与えるダブルオークドを加えた2種類のウイスキーがベース。バーボンとグレープフルーツを綺麗に繋ぐため、アプリコットブランデーを多めに入れました。また、少量のレモンと粉砂糖でグレープフルーツの風味を調整しています。

バノックバーン
Bannockburn

COCKTAIL RECIPE

材料

スコッチウイスキー(ラフロイグ10年)	30ml
フルーツトマト	大1個
レモンジュース	10ml
ペッパーウォッカ※	1tsp
塩	5つまみ
砂糖	1tsp
オリーブオイル	1tsp強
ブラックペッパー	5dashes

ガーニッシュ

セロリシード	適量
レモンピール	1片

作り方

❶ 材料をブレンダーで撹拌して、バーズネストで濾しながらシェーカーに移す。

❷ シェイクして、グラスに注ぐ。

❸ セロリシードを浮かべて、レモンピールをかける。

※[ペッパーウォッカ]
ウォッカ(ストリチナヤ)1本(750ml)に、乾燥赤唐辛子20本を1週間浸け込む。

[バノックバーンのスタンダードレシピ]
材料：スコッチウイスキー 30〜45ml／トマトジュース 適量
ガーニッシュ：レモンスライス 1枚

① 材料と氷をグラスに入れて、ステアする。

② レモンスライスを飾る。

BARTENDER'S COMMENT

磯やヨードを思わせるラフロイグ10年とトマトジュースがマッチした一杯。ブレンダーで長めに撹拌してオリーブオイルを乳化させ、ふわっとした口当たりと豊かな風味に仕上げました。このレシピだと酸味が立つため、塩をしっかり入れて甘味を強めています。ペッパーウォッカはピリッとしたアクセントで、「ブラッディメアリー」や「モスコーミュール」などにも用いています。

バーボネラ

Bourbonella

COCKTAIL RECIPE

材料

バーボンウイスキー（ウッドフォードリザーブ）	20ml
バーボンウイスキー（ウッドフォードリザーブ ダブルオークド）	10ml
オレンジキュラソー（グランマルニエ）	20ml
ドライベルモット（ルータン）	10ml
ザクロジュース	1tsp

ガーニッシュ

オレンジピール	1片

作り方

❶ 材料をステアして、カクテルグラスに注ぐ。

❷ オレンジピールをかける。

[バーボネラのスタンダードレシピ]

材料：バーボンウイスキー 30ml ／オレンジキュラソー 15ml ／ドライベルモット 15ml ／グレナデンシロップ 1dash

① 材料をステアして、カクテルグラスに注ぐ。

BARTENDER'S COMMENT

バーボネラはスタンダードレシピで作ると食前、食後どちらにも対応した味わいになりますが、僕の場合は食後に寄せています。どのカクテルもグレナデンシロップはザクロジュースと粉砂糖で代用していて、今回は甘味のあるオレンジキュラソーの割合を高くしているので粉砂糖は入れていません。最後にオレンジピールをかけて、華やかかつ爽やかな印象に。

ゴッドファーザー

Godfather

COCKTAIL RECIPE

材料

スコッチウイスキー（グレンドロナック 15年）	20ml
スコッチウイスキー（ボウモア 18年）	10ml
ウイスキー（パフューミーなもの／特に指定なし）	1tsp
アマレット（ディサローノ）	10ml
水	3tsp

[ゴッドファーザーの
　　　　　スタンダードレシピ]

材料：ウイスキー 45ml ／アマレット 15ml

① 氷を入れたロックグラスに材料を注ぎ、ステアする。

作り方

❶ 材料をミキシンググラスに入れて、100回以上（氷無しで）ステアする。

❷ ❶とワイングラスでスローイングする。

❸ ワイングラスに注ぐ。

BARTENDER'S COMMENT

秋～冬仕様のゴッドファーザーで、濃厚なグレンドロナックとアマレットが芳醇なフレーバーを醸しています。パフューミーなウイスキーとアマレットはとても相性が良く、さらにボウモアとも合いますね。水を3tsp加えると香りが開き、やさしい口当たりに。春～夏なら、ベンリアック 10年やグレングラント 10年などフルーティで軽いウイスキーを。その場合はミキシンググラスに氷を入れてステアし、ワイングラスに注ぎます。

クロンダイク クーラー

Klondike Cooler

COCKTAIL RECIPE

材料

スコッチウイスキー（ラフロイグ 10年）……………… 30ml
オレンジジュース（果汁200%に煮詰めたもの）※1 …… 30ml
ジンジャーシロップ※2 …………………………… 30ml
レモンジュース…………………………………… 2tsp
ソーダ（ウィルキンソン タンサン）………………… 50ml

ガーニッシュ

オレンジの皮（らせん剥き）……………………… 1個分

作り方

❶ タンブラーにオレンジの皮と氷を入れる。
❷ ソーダ以外の材料をシェイクして、❶に注ぐ。
❸ ソーダを加えて、軽く混ぜる。

※1［ オレンジジュース
　　　　（果汁200%に煮詰めたもの）］
オレンジジュースを鍋に入れて火にか
け、沸騰したら弱火～中火で半量になる
までゆっくり煮詰める。

※2［ ジンジャーシロップ ］
材料：生姜 200g ／砂糖 200g ／水
200ml ／シナモンスティック 1/2本／
蜂蜜 2tsp ／ブラックペッパー 10粒／
カルダモン 2粒／スターアニス 1個

① 材料を鍋に入れて、火にかける。
② 沸騰したら30分ほど弱火で煮て、濾
す。

［ クロンダイク クーラーの
　　　　　　スタンダードレシピ ］
材料：ウイスキー 45ml ／オレンジ
ジュース 20ml ／ジンジャーエール 適量
ガーニッシュ：オレンジの皮（らせん剥
き）1個分

① オレンジの皮をグラスに入れる。
② ウイスキーとオレンジジュース、氷を
加える。
③ ジンジャーエールで満たして、軽く混
ぜる。

BARTENDER'S COMMENT

ジンジャーなどのスパイスと、ラフロイグ 10年の相性は抜群。スパイスを使うウイスキーカクテ
ルのベースによく用いています。オレンジジュースは煮詰めて、その風味を凝縮。レモンジュー
スで酸味を補い、味わいの輪郭をはっきりとさせています。ジンジャーシロップは、「モスコー
ミュール」や「ボストンクーラー」にも応用できます。

チャーチル

Churchill

COCKTAIL RECIPE

材料

スコッチウイスキー（オールドパー シルバー）	20ml
スコッチウイスキー（ボウモア 18年）	10ml
オレンジリキュール（コアントロー）	10ml
スイートベルモット（カルパノ アンティカ フォーミュラ）	10ml
レモンジュース	10ml
粉砂糖	1tsp

ガーニッシュ

オレンジピール	1片

作り方

❶ 材料をシェイクして、カクテルグラスに注ぐ。

❷ オレンジピールをかける。

[チャーチルのスタンダードレシピ]

材料：スコッチウイスキー 30ml ／ホワイトキュラソー 10ml ／スイートベルモット 10ml ／ライムジュース 10ml

① 材料をシェイクして、カクテルグラスに注ぐ。

BARTENDER'S COMMENT

イギリスの元首相で、ウイスキー愛好家としても知られたウィンストン・チャーチル氏にちなんで名付けられたカクテルです。昔のブランデーのようなコクがありながら重すぎない味わいを目指して、オールドパーとボウモアを選びました。粉砂糖は必要以上に甘くならず、全体的なボリュームを出すのに適しています。

アルゴンキン

Algonquin

COCKTAIL RECIPE

材料

ライウイスキー (テンプルトン 4年)	20ml
バーボンウイスキー (ウッドフォードリザーブ ダブルオークド)	10ml
スイートベルモット (カルパノ アンティカ フォーミュラ)	15ml
パイナップル	⅛個
レモンジュース	1tsp

作り方

❶ 材料をブレンダーで撹拌して、バーズネストで濾しながらシェーカーに移す。

❷ シェイクして、ソーサー型シャンパングラスに注ぐ。

[アルゴンキンのスタンダードレシピ]

材料：ライウイスキー 30ml ／ドライベルモット 15ml ／パイナップルジュース 15ml

① 材料をシェイクして、カクテルグラスに注ぐ。

BARTENDER'S COMMENT

テンプルトン 4年は、クリーンかつ滑らかでバランスが良いウイスキー。ほかの材料と混ぜると、バニラのような甘い風味が広がります。スタンダードレシピはドライベルモットを使いますが、香り高いスイートベルモットのほうが合うと考え選びました。パイナップルを多めに入れて、フルーティに仕上げています。

モンテカルロ
Monte Carlo

COCKTAIL RECIPE

材料

ライウイスキー (テンプルトン 4年)	20ml
バーボンウイスキー (ウッドフォードリザーブ ダブルオークド)	20ml
ベネディクティン	20ml
アンゴスチュラ ビターズ	5dashes

作り方

❶ 材料をミキシンググラスに入れて、100回以上 (氷無しで) ステアする。

❷ 大きな氷を1つ加えて、ゆっくりとステアする。

❸ カクテルグラスに注ぐ。

[モンテカルロのスタンダードレシピ]

材料：ライウイスキー 45ml ／ベネディクティン 15ml ／アンゴスチュラ ビターズ 2dashes

① 材料をシェイクして、カクテルグラスに注ぐ。

BARTENDER'S COMMENT

マンハッタンのスイートベルモットをベネディクティンに変えたモンテカルロ。一般的なレシピはシェイクですが、味の輪郭をくっきりさせるためにマンハッタンと同じくステアで仕上げます。アンゴスチュラ ビターズをしっかり加えると、ウイスキーの厚みが出てリッチな印象に。マンハッタンやオールドファッションドにも多めに入れています。

シャムロック

Shamrock

COCKTAIL RECIPE

材料

アイリッシュウイスキー（ティーリング シングルモルト）………… 30ml

ドライベルモット（ルータン）……………………………… 20ml

シャルトリューズ ヴェール（グリーン）……………………… 10ml

ミントリキュール（ペパーミント ジェット27）………………… 1tsp

作り方

❶ 材料をステアして、カクテルグラスに注ぐ。

［ シャムロックのスタンダードレシピ ］

材料：アイリッシュウイスキー 30ml ／
ドライベルモット 30ml ／シャルトリュー
ズ（グリーン）3dashes ／クレームドミ
ント（グリーン）3dashes

① 材料をシェイクして、カクテルグラスに
注ぐ。

BARTENDER'S COMMENT

シャムロックはアイルランドの国花でもある三つ葉のクローバーのこと。その色味と爽やかさを
表現するため、シャルトリューズを10ml入れています。ティーリングのシングルモルトは5種類
の樽でフィニッシュしたモルトをブレンドした、フルーティでスパイシーなウイスキー。カクテル
ベースとしても使いやすいです。

スコッチキルト

Scotch Kilt

COCKTAIL RECIPE

材料

スコッチウイスキー（ジョニーウォーカー レッドラベル）	35ml
スコッチウイスキー（ラフロイグ 10年）	10ml
ドランブイ	15ml
オレンジビターズ	1tsp

ガーニッシュ

レモンピール	1片

作り方

❶ 材料をミキシンググラスに入れて、スワリングする。
❷ 大きな氷を1つ加えて、ゆっくりとステアする。
❸ カクテルグラスに注ぐ。
❹ レモンピールをかけて、入れる。

[スコッチキルトのスタンダードレシピ]
材料：スコッチウイスキー 40ml ／ドランブイ 20ml ／オレンジビターズ 2dashes

① 材料をステアして、カクテルグラスに注ぐ。

BARTENDER'S COMMENT

スコッチとドランブイをロックグラスに注いでステアする「ラスティネイル」に類似しているので、その差をどれだけ広げるかがポイントです。テイストのイメージはラスティネイルがやや重いブラウンカラー、スコッチキルトが黄金色。明るく華やかでちょっとスパイシー、"ジンジャーハニーキャンディ"のような感じですね。ラスティネイルなら、ジョニ黒とシェリーカスクのウイスキーをベースに、アクセントとしてタリスカーを少量加えます。

Bar d

Bartender

田邉　武

二十歳の時、地元である千葉県・南行徳のバー
「In the Mood」に入店する。6年半ほど勤め
た後、小岩のバー「M's KEY」、赤坂のバー
「White Label」を経て2003年に銀座で「Bar
Dolphy」を独立開業。2014年には、片瀬江ノ島
駅前に「Bar d」をオープンする。オールドボトルと
葉巻、お酒と焼き菓子などのペアリングを得意とし、
ジャズのアドリブのような感覚でクラシックカクテル
を時代やお客にあわせて提供している。

BAR info

Bar d　神奈川県藤沢市片瀬海岸2-8-15　TEL:0466-53-9099

名匠がつくる、
スタンダードウイスキーカクテル Ⅲ

BAR HIRAMATSU
Yoshitomo Hiramatsu

※特に記載のない場合、ボトルは常温、レモンやライムはフレッシュジュースを使用しています。
　また、コメントの内容には諸説あります。

ウイスキー コブラー
Whiskey Cobbler

COCKTAIL RECIPE

材料

バーボンウイスキー(フォアローゼス ブラック)	60ml
パイナップルシロップ※	10ml
オレンジ(皮ごと刻む)	¼個
レモンジュース	10ml

ガーニッシュ

オレンジ ウェッジ(V字形にカットしたオレンジ)	1/16個
ミントの枝	1枝

作り方

❶ オレンジをシェーカーに入れて、マドルする。

❷ 残りの材料を加えて、シェイクする。

❸ クラッシュドアイスを入れたゴブレットに注ぎ、ガーニッシュとストローを添える。

※[パイナップルシロップ]

① パイナップルを搾汁して糖度を計り、Brix値(糖の含有量)が65%になる量の上白糖を加える。

② 鍋で沸騰しない程度に温め、上白糖を溶かす。

③ 容器に移して、冷蔵保存する。

[ウイスキー コブラーの
　　　　　　スタンダードレシピ]

材料:ウイスキー 60ml ／オレンジキュラソー 1〜2tsp ／シンプルシロップ(または、パイナップルや桃のリキュール)
1〜2tsp

ガーニッシュ:季節のフルーツ 適量

① 材料をシェイクして、タンブラーに注ぐ。

② クラッシュドアイスを加えて、季節のフルーツとストローを添える。

BARTENDER'S COMMENT

ミクソロジーの父、ジェリー・トーマス氏は2〜3枚のオレンジスライスをほかの材料と共にシェイクしてコブラーを仕上げています。ジュースと果皮の精油成分・苦味を取り込むためだったのかもしれません。19世紀のオレンジは今と比べて苦味が強かったという背景から、現代の甘いオレンジに合わせてレモンの酸味を足す必要をドリンクライターのサイモン・ディフォード氏は述べています。また、デヴィッド・ワンドリッチ氏は著書『Imbibe』で、「コブラーの由来は正確にはわかっていないが、最も有力な説はグラスに満たされている小さな氷"cobbles(丸石)"だ」と自身の説を取り上げています。

サゼラック

Sazerac

COCKTAIL RECIPE

材料

ハウスブレンド ライウイスキー※1	50ml
アブサン (V.S.1898)	10ml
ブラウンシュガー シロップ	5ml
ハウスブレンド ビターズ※2	1ml

作り方

❶ オールドファッションド グラスにアブサンを入れ、回しながら内側をリンスする（リンスしにくい場合は少量の水でグラスの内側を濡らし、アブサンを加えてリンスする）。

❷ 冷蔵したミキシンググラスに残りの材料と氷を入れて、ステアする。

❸ ❶に氷を入れ、❷を注ぐ。

※1 [ハウスブレンド ライウイスキー]

オールド オーバーホルト 1に対しリッテンハウス ライ 2.5を加えて混ぜ、冷蔵保存する。

※2 [ハウスブレンド ビターズ]

アンゴスチュラ ビターズ 1に対しペイショーズ ビターズ 3を加えて混ぜ、常温保存する。

[サゼラックのスタンダードレシピ]

材料：ライウイスキー 45ml ／アブサン 7.5ml ／ペイショーズ ビターズ 3dashes ／角砂糖 1個
ガーニッシュ：レモンピール 1片

① ロックグラスに氷を入れる。

② ①とは別のロックグラスに角砂糖を入れ、ペイショーズ ビターズを加えてペストルで潰す。

③ ②にウイスキーを注ぐ。

④ ①のグラスの氷を捨て、アブサンでリンスする。

⑤ ③を④に移し、レモンピールをかけて飾る。

BARTENDER'S COMMENT

ニューオーリンズで生まれた現地の公式カクテルで、アメリカで最も古いカクテルのひとつ。スタンリー・クリスビー・アーサー著『Famous New Orleans Drinks & How to mix'em』では、「ジュレップにはバーボンが適しているが、サゼラックには適さない」とライウイスキーを推奨しています。シンプルシロップだと必要以上に甘味を感じるため、当店ではブラウンシュガーシロップを使用。海外のカクテルブックでは氷無しのレシピがほとんどですが、氷を入れて飲みやすくしています。また、アブサンのフレーバーが消えてしまうのでレモンピールはしません。

ミント ジュレップ

Mint Julep

COCKTAIL RECIPE

材料

バーボンウイスキー（フォアローゼズ ブラック）………………	60ml
ミントの枝……………………………………………………	6〜7枝
シンプルシロップ……………………………………………	5ml

ガーニッシュ

ミントの枝……………………………………………………	適量

作り方

❶ ジュレップカップにふんわりと一杯になる量のミントの枝を入れる。

❷ ウイスキーとシロップを加えて、マドルする。

❸ クラッシュドアイスをカップの半量ほど入れて、カップの口を紙ナプキンで塞ぐ。隙間からバースプーンを差し入れて力強く上下に攪拌し、充分に混ぜる。

❹ クラッシュドアイスを足してカップに霜がつくまで混ぜ、さらにクラッシュドアイスを山盛りになるよう加える。

❺ ミントの枝を飾り、ジュレップスプーンを添える。

[ミント ジュレップのスタンダードレシピ]

材料：バーボンウイスキー 60ml ／ミント 適量／シンプルシロップ 1 〜 2tsp ／ソーダ 少量

ガーニッシュ：ミント 適量

① グラスにミント、シロップ、ソーダを入れて、ペストルで潰し混ぜる。

② クラッシュドアイスを詰め、ウイスキーを注いでステアする。

③ ミントとストローを飾る。

BARTENDER'S COMMENT

ミントジュレップは、アメリカ・ケンタッキー州ルイビルのチャーチルダウンズ競馬場で5月第1土曜日に開催される「ケンタッキーダービー」のオフィシャルドリンク。海外のバーテンダーがよく引用するカクテルブック『THE KENTUCKY MINT JULEP』の著者、ジョー・ニッケル大佐が薦めるジュレップに、お湯でミントを潰すという興味深いレシピがあります。お湯を使うとミントのメントール感が増し、青臭さを感じにくくなります。

ワード エイト

Ward Eight

COCKTAIL RECIPE

材料

カナディアンウイスキー（カナディアンクラブ 12年）	35ml
オレンジジュース（濾さない）	15ml
レモンジュース（濾す）	10ml
グレナデンシロップ※	2.5〜5ml

作り方

❶ 材料をシェイクして、冷やしたカクテルグラスに注ぐ。

※[グレナデンシロップ]

① 生のザクロを搾って糖度を計り、Brix値（糖の含有量）が65％になる量の上白糖を加える。

② 鍋で沸騰しない程度に温め、上白糖を溶かす。

③ 容器に移して、冷蔵保存する。

（酵母の繁殖防止には、一般的に60〜70％濃度のショ糖を必要とする。書籍『果実とその加工』より）

[ワード エイトのスタンダードレシピ]

材料：ライウイスキー 30ml ／オレンジジュース 15ml ／レモンジュース 15ml ／グレナデンシロップ 2dashes

① 材料をシェイクして、カクテルグラスに注ぐ。

BARTENDER'S COMMENT

1898年頃、ボストンの "8区の皇帝" とも呼ばれていたマーティン M. ロマズニー氏のために「ロック・オーバー・カフェ」で創作されたといわれるカクテルです。ただ、材料のグレナデンシロップが使われ始めたのは20世紀になってからで、その由来はやや不確か。ライウイスキーをベースに用いるレシピが多いですが、当店ではグレナデンシロップを除いた類似カクテル「インクストリート」をライ、バーボン、カナディアンで試作した際にカナディアンが好みの味だったので、ワードエイトでも採用しています。

ウイスキー フィックス

Whiskey Fix

COCKTAIL RECIPE

材料

バーボンウイスキー（フォアローゼズ ブラック） ·················· 45ml

レモンジュース（濾す） ······································· 10ml

ライムジュース（濾す） ······································· 10ml

パイナップルシロップ※ ······································ 10ml

ガーニッシュ

レモンスライス、ライムスライス ························ 各1枚

作り方

❶ 冷蔵したミキシンググラスに材料と氷を入れて、ステアする。

❷ クラッシュドアイスを入れたオールドファッションド グラスに注ぐ。

❸ ガーニッシュを飾る。

※ [パイナップルシロップ]

① パイナップルを搾汁して糖度を計り、Brix値（糖の含有量）が65％になる量の上白糖を加える。

② 鍋で沸騰しない程度に温め、上白糖を溶かす。

③ 容器に移して、冷蔵保存する。

[ウイスキー フィックスの
　　　　　　　スタンダードレシピ]

材料：バーボンまたはライウイスキー40ml ／レモンジュース 20ml ／シンプルシロップ 10ml

ガーニッシュ：レモンスライス 1枚

① 材料をシェイクして、オールドファッションド グラスに注ぐ。

② クラッシュドアイスで満たして、レモンスライスを飾る。

BARTENDER'S COMMENT

フィックスは、サワーと共にパンチの小型版として登場しました。1862年に出版されたジェリー・トーマス氏のカクテルブックでは、ベースにバーボンかライウイスキーを使い、レモンの皮を入れています。一方、1882年に出版されたハリー・ジョンソン氏のカクテルブックでは、パイナップルシロップで風味付けをしています。私がレモンとライムを併用するのは、レモンの風味をあまり残したくないけれど酸味は欲しいから。半量ずつ用いることで、バランスがとれます。

ヴュー カレ
Vieux Carré

COCKTAIL RECIPE

材料
ライウイスキー
（リッテンハウス ライ ボトルド イン ボンド） ················· 20ml
コニャック（マーテル VSOP） ················· 20ml
スイートベルモット（カルパノ アンティカ フォーミュラ） ········ 20ml
ベネディクティン DOM ················ 5ml
ハウスブレンド ビターズ※ ················· 2ml

ガーニッシュ
レモンピール ················· 1片

作り方
❶ 冷蔵したミキシンググラスに材料と氷を入れて、ステアする。
❷ 氷を入れたオールドファッションド グラスに注ぐ。
❸ レモンピールを飾る。

※［ ハウスブレンド ビターズ ］
アンゴスチュラ ビターズ 1に対しペイ
ショーズ ビターズ 3を加えて混ぜ、常温
保存する。

［ ヴュー カレのスタンダードレシピ ］
材料：ライウイスキー 20ml ／ブラン
デー（コニャック）20ml ／スイートベル
モット 20ml ／ベネディクティン 1tsp ／
ペイショーズ ビターズ 2dashes ／アン
ゴスチュラ ビターズ 1dash
ガーニッシュ：レモンピール 1片

① 材料をステアして、氷を入れたロック
　 グラスに注ぐ。
② レモンピールを飾る。

BARTENDER'S COMMENT

1930年代、ニューオーリンズ中心部のホテル「モンテレオーネ」でウォルター・バージェロン氏
が創作。ニューオーリンズにあるフレンチクォーター地区が "Vieux Carré"（フランス語で古
い街の意）と呼ばれることから名付けられました。ウイスキー、ブランデー、スイートベルモットに
それぞれ主張の強い材料を用いているのは、トーンを揃えるため。ボリュームのあるカクテル
に仕上げています。

ブラウン ダービー

Brown Derby

COCKTAIL RECIPE

材料

バーボンウイスキー(フォアローゼズ ブラック)	40ml
グレープフルーツ ジュース(濾さない)	20ml
メープルシロップ	5ml

作り方

❶ 材料をシェイクして、冷やしたカクテルグラスに注ぐ。

[ブラウン ダービーの
　　　　　　　　　スタンダードレシピ]

材料：バーボンウイスキー 40ml ／グレープフルーツ ジュース 20ml ／蜂蜜 10ml

ガーニッシュ：グレープフルーツ ピール 1片

① 材料をシェイクして、カクテルグラスに注ぐ。

② グレープフルーツ ピールを飾る。

BARTENDER'S COMMENT

1930年代、カリフォルニア州ハリウッドのサンセット大通りにあった「ヴァンドーム・クラブ」で考案され、レストラン「ブラウンダービー」にちなんで名付けられました。当時の『The Savoy Cocktail Book』には掲載されておらず、現在もウイスキーとグレープフルーツジュースの組み合わせはあまり多くありません。蜂蜜を使うレシピも見受けられますが、当店ではメープルシロップを使っています。

ブラッド アンド サンド

Blood and Sand

COCKTAIL RECIPE

材料

スコッチウイスキー(ホワイトホース 12年)	20ml
チェリーブランデー(チェリーヒーリング)	15ml
ハウスブレンド スイートベルモット※	15ml
オレンジジュース(濾さない)	20ml
レモンジュース(濾す)	2.5ml

作り方

❶ 冷凍したミキシンググラスに材料と氷を入れて、ステアする。

❷ 氷を入れたオールドファッションド グラスに注ぐ。

※[ハウスブレンド スイートベルモット]
カルパノ アンティカ フォーミュラ 1に対しマルティーニ ロッソ 3を加えて混ぜ、冷蔵保存する。

[ブラッド アンド サンドの
                スタンダードレシピ]
材料：スコッチウイスキー 15ml、チェリーブランデー 15ml、スイートベルモット 15ml、オレンジジュース 15ml

① 材料をシェイクして、カクテルグラスに注ぐ。

BARTENDER'S COMMENT

1922年創作、ルドルフ・ヴァレンティノ主演の映画『Blood and Sand』にちなんで名付けられたカクテルです。多くのカクテルブックで4つの材料(レモン以外)を同量で作るレシピが見受けられますが、ウイスキーとオレンジジュースの量を増やしてバランスをとりました。また、少量のレモンジュースを加えることでオレンジの風味が増し、味が締まります。シェイクだと混ざりすぎてしまうため、ステアでメリハリのある味に。ただ、仕上がりの温度が高くなるのでロックスタイルにしています。

ペニシリン
Penicillin

COCKTAIL RECIPE

材料

スコッチウイスキー（フェイマスグラウス）	40ml
レモンジュース（濾す）	20ml
ハニーシロップ※1	5ml
ジンジャーシロップ※2	5ml
スコッチウイスキー（ラフロイグ 10年）	10ml

作り方

❶ ラフロイグ以外の材料をシェイクして、氷を入れたオールドファッションド グラスに注ぐ。

❷ ラフロイグをフロートする。

※1 [ハニーシロップ]

① 蜂蜜の糖度を計り、Brix値（糖の含有量）が65％になる量の水を加えて混ぜる。

② 容器に移して、冷蔵保存する。

※2 [ジンジャーシロップ]

① ひね生姜の皮を剥いてすりおろし、搾汁して糖度を計る。

② Brix値（糖の含有量）が65％になる量の上白糖を加え、ブレンダーで攪拌する。

③ 容器に移して、冷蔵保存する。

[ペニシリンのスタンダードレシピ]

材料：スコッチウイスキー（ブレンデッド）50～60ml／レモンジュース 20ml／ハニーシロップ 20ml／生姜スライス 2～3枚／スコッチウイスキー（アイラ島のシングルモルト）5～10ml

ガーニッシュ：生姜スライス（砂糖漬け）1枚

① シングルモルト以外の材料をシェイクして、氷を入れたロックグラスに注ぐ。

② シングルモルトをフロートし、生姜スライスを飾る。

BARTENDER'S COMMENT

ブレンデッドとシングルモルト、2種のスコッチウイスキーを使用するユニークな一杯で、2005年にニューヨークのバー「ミルク＆ハニー」のサム・ロス氏が創作しました。蜂蜜はそのままだと粘性が高いので、海外のカクテルブックに "Runny Honey（粘性の低い蜂蜜）" と記されているように、水で伸ばして計量しやすくしています。レモンジュースは、濾すと雑味がなく仕上がります。

シールバッハ カクテル
Seelbach Cocktail

COCKTAIL RECIPE

材料

バーボンウイスキー（オールドフォレスター）	30ml
コアントロー	15ml
ハウスブレンド ビターズ※	10ml
シャンパン	90ml

ガーニッシュ

オレンジピール	1片

作り方

❶ 冷蔵したミキシンググラスにシャンパン以外の材料と氷を入れて、ステアする。

❷ 冷やしたシャンパンフルートグラスに注ぐ。

❸ シャンパンを加えて軽く混ぜ、オレンジピールを飾る。

※[ハウスブレンド ビターズ]
アンゴスチュラ ビターズ 1に対しペイショーズ ビターズ 3を加えて混ぜ、常温保存する。

[シールバッハ カクテルの
              スタンダードレシピ]
材料：バーボンウイスキー 30ml ／コアントロー 15ml ／アンゴスチュラ ビターズ 3dashes ／ペイショーズ ビターズ 3dashes ／シャンパン 90ml
ガーニッシュ：オレンジピール 1片

① シャンパン以外の材料をステアして、フルートグラスに注ぐ。

② シャンパンを加えて軽く混ぜ、オレンジピールを飾る。

BARTENDER'S COMMENT

アメリカ・ケンタッキー州にあるホテル「シールバッハ」のオリジナルカクテル。バーボンウイスキーとシャンパンを合わせる珍しい一杯です。いくつかのカクテルブックではビターズを7dashesずつ入れるレシピもありますが、多過ぎるので調整しました。オレンジピールはウイスキーと相性が良いですし、オレンジリキュールのコアントローを使用しているので一体感がありますね。ほかのカクテルですが、デヴィッド・ワンドリッチ氏はライウイスキーにはレモンピール、バーボンにはオレンジピールを薦めています。

BAR HIRAMATSU

Bartender

平松　良友

大阪ミナミでバーテンダーの道に入り、2001年に心斎橋で「BAR HIRAMATSU」を開店。2012年、西梅田に2店舗目を出店する（2013年に心斎橋店は閉店）。長年集めている洋書文献などの資料から独自にカクテルを研究し、パリで開催されたセミナー「COCKTAILS SPIRITS」では"カクテルに含まれる溶存酸素量の違いにより、カクテルの口当たりはどう変わるか"について発表した。現在は後進に指導をしながら、更なるカクテルの研究に励んでいる。

BAR info

BAR HIRAMATSU 大阪府大阪市北区梅田2-5-25 ハービスPLAZA 2F　TEL:06-6456-4774

プロフェッショナルが
薦める ウイスキー

これまでウイスキーの代表的なスタンダードカクテル、クラシックカクテル、創作カクテルをご紹介してきました。このコーナーでは、シンプルに「炭酸割り」(3種)と「ロック」「ストレート」(各1種)のベースとして楽しめる、比較的入手しやすいウイスキーをプロフェッショナルにご紹介して頂きます。

Bar Nadurra
Noboru Matsudaira

松平 昇

大学卒業を機に、スコットランドへ半年間ほど語学留学。帰国後、ホテルニューオータニの「トレーダーヴィックス」、鎌倉のバー「THE BANK」、フレンチレストランを店舗展開する「オザミワールド」などを経て、2014年に独立開業。ウイスキー文化研究所認定 ウイスキープロフェッショナル。

BAR INFORMATION

Bar Nadurra

東京都豊島区東池袋1-17-11
パークハイツ池袋 2F-2

03-6914-3645

18:00〜23:30 （土・祝 15:00〜23:00）

日曜日休み

SODA

イチローズ モルト&グレーン ホワイトリーフ

Ichiro's Malt & Grain
White Leaf

●アルコール度数 46%　●容量 700ml
●生産国 日本（ブレンデッドウイスキー）
●製造・販売元 ベンチャーウイスキー秩父蒸溜所

秩父の原酒をキーモルトに、世界の5大ウイスキーがブレンドに使われています。蜂蜜や洋梨、柑橘のフルーティさに樽由来のバニラ香があり、口に含むとややスパイシーで軽やかな甘味とコクを感じます。アルコール度数は46%で、軽すぎず重すぎずのちょうど良い印象。夏場はレモンピール、冬場は柚子の皮を搾って（グラスの中へは入れずに）爽やかな香りと一緒に楽しみたいですね。

オールド オーバーホルト
OLD OVERHOLT

●アルコール度数 43% ●容量 750ml
●生産国 アメリカ（ライウイスキー） ●輸入元 並行輸入品

ジムビーム社で蒸溜されるストレート ライ ウイスキー。ラベルに描かれている人物はオールド オーバーホルト社の創設者、アブラハム・オーバーホルト氏です。マイルドなスパイシーさと穀物系の甘味、適度な熟成感。カクテルのベースとしても秀逸ながら、ハイボールの爽やかさも味わえます。オレンジの皮を搾るとフルーティさが増して、グラスを傾ける手が止まらなくなる一杯に。

カリラ 12年
CAOL ILA
AGED 12 YEARS

●アルコール度数 43% ●容量 700ml
●生産国 スコットランド・アイラ島（シングルモルト）
●輸入元 ディアジオ ジャパン

アイラモルトの中では生産量が多く、酒屋さんで安定して購入出来る一本。しっかりとしたスモーキーフレーバーがありながら、ふわりと感じる綿菓子のような甘味、上品なバニラ、ナッツ、ほのかな果実味がアルコール感と共に広がり、飲みごたえのあるハイボールになります。夏場は冷凍庫に一本常備して"冷やしカリラ"に。見た目も涼しく、氷が融けづらいので濃い味わいのまま楽しめます。

アラン シェリーカスク

Arran Sherry Cask

- ●アルコール度数 55.8% ●容量 700ml
- ●生産国 スコットランド・アラン島（シングルモルト）
- ●輸入元 ウィスク・イー

ファーストフィルのシェリーホグスヘッドですべての期間において熟成させていて、豊かなシェリー樽由来のフレーバーを存分に堪能出来る一杯。加水なしのカスクストレングスでボトリングされているので、力強さも感じられます。チョコレートや干し葡萄、ドライオレンジとドライイチジク、ココアパウダー、ナッツのコクなど、さまざまな香味があり、ロックスタイルでゆっくりと香りの変化を楽しんで頂けます。

スプリングバンク 10年

SPRINGBANK AGED 10 YEARS

- ●アルコール度数 46% ●容量 700ml
- ●生産国 スコットランド・キャンベルタウン（シングルモルト）
- ●輸入元 ウィスク・イー

スコットランド・キャンベルタウンで1828年に創業したスプリングバンク蒸溜所。「モルトの香水」と称される香りや、ブリニー（塩辛い）といわれる味わいだけでなく、原料の麦芽をフロアモルティング（自家製麦）でまかなっている点も注目です。浜辺で深呼吸をした時の様な潮の風味、柔らかな洋梨や柑橘に蜂蜜、枯草とややスパイス、優しいスモーク香や穏やかな甘味。バーでじっくりと向き合ってみると、面白い一杯だと思います。

Bar Liquid Ruby
Naotaka Mukaiyama

向山 直孝

陸上自衛隊から飲食業へ転身し、新宿の「Bar Hermit」バーボンサイドなどで勤めた後、禁酒法をコンセプトにした隠れ家「Bar Liquid Ruby」を2019年に開店。バーボンウイスキーを主に取り揃えており、オールドボトルや日本未入荷のウイスキーが棚の奥に眠る。#ナイスバーボンをうたい、布教活動している。

BAR INFORMATION

Bar Liquid Ruby

東京都新宿区西新宿7-1-4 ゼンコウビル 3F

03-6908-6664

18:00〜03:00

日曜日休み

TONIC WATER

ブレット バーボン
BULLEIT BOURBON

●アルコール度数 45%　●容量 700ml
●生産国 アメリカ(バーボンウイスキー)　●輸入元 ディアジオ ジャパン

ブランデー造りの知識を活かして生まれたバーボンで、一旦製造が中止されていましたが、トム・ブレット氏が曾々祖父のレシピを用いて復活させました。スパイシーかつ甘い香りがあり、クリーンで滑らかなフィニッシュ。ライ麦の比率が高く、トニックウォーターと相性抜群です。トム氏も推奨するBLT (ブレット・レモン・トニックウォーター)は、さっぱりとした爽やかな味わいでお薦めです。

ウッドフォードリザーブ
WOODFORD RESERVE

● アルコール度数 43.2%　● 容量 750ml
● 生産国 アメリカ（バーボンウイスキー）　● 輸入元 アサヒビール

アメリカ合衆国の国定歴史建造物に指定されている蒸溜所で、ケンタッキー州で最も古く、小規模で高品質をコンセプトにしています。バーボンとしては珍しい、単式蒸溜器による3回蒸溜で製造。毎年5月に開催される競馬「ケンタッキーダービー」のオフィシャルバーボンとしても人気を誇ります。トウモロコシの甘味や樽の深みがソーダ割りによって発揮。何で割っても万能なバーボンです。

ミクターズ US★1 バーボンウイスキー
MICHTER'S US★1 BOURBON WHISKEY

● アルコール度数 45.7%　● 容量 700ml
● 生産国 アメリカ（バーボンウイスキー）　● 輸入元 ウィスク・イー

アメリカ最古の蒸溜所をルーツとし、長い歴史を持つバーボン。アメリカ産のトウモロコシを主原料に、アメリカンホワイトオークで5年以上熟成させています。芳醇なバニラや蜂蜜の香りが広がり、滑らかでフルーティー。ソーダで割ると蜂蜜のフレーバー、シナモンやナッティ感が強くなります。長期熟成タイプも発売されていますが、近年では人気とレア度が高まり、入手できないものも多数あります。

ラッセルズリザーブ 10年
RUSSELL'S RESERVE 10 YEARS OLD

●アルコール度数 45% ●容量 750ml
●生産国 アメリカ（バーボンウイスキー）
●輸入元 CAMPARI JAPAN

ワイルドターキーのマスターディスティラー、ジミー・ラッセル氏の息子であるエディ・ラッセル氏が提案して誕生した10年熟成のバーボンで、親子の姓をとって名付けられました。スモーキーでありながら甘味やコクがしっかりと感じられ、ワイルドターキー由来のスパイシーさが余韻に残ります。新樽の内側を最高レベルで焦がす「アリゲーターチャー」バレルで熟成。ロックにすると、まろやかさや甘味が強調されます。

エンジェルズ エンヴィ
ANGEL'S ENVY

●アルコール度数 43.3% ●容量 700ml
●生産国 アメリカ（バーボンウイスキー）
●輸入元 バカルディ ジャパン

ウッドフォードリザーブを手がけた、今は亡きリンカーン・ヘンダーソン氏を中心に開発されたプレミアムバーボン。彼が「天使が妬むほどの出来栄え」と冗談で言ったことから "エンジェルズ エンヴィ（天使の嫉妬、羨望）" という名になったそうです。ホワイトオークの新樽で4年から6年熟成し、さらにフレンチオークのルビーポートワイン樽で追加熟成。心地好いタンニンやメープル、ビターチョコの甘味が感じられます。

Cafe Bar ELIXIR
Kaori Shimodaira

下平 薫

2009年オープン、錬金術師の研究部屋のような
不思議な空間にヴィンテージウイスキーとオー
ルドリキュールなど1000本以上の洋酒が並ぶ
「Cafe Bar ELIXIR」の店長。ウイスキープロフェッ
ショナルの資格を持ち、初心者にも徹底的に分
かりやすい説明を心がけている。

BAR INFORMATION

Cafe Bar ELIXIR

東京都新宿区西新宿7-16-1
コンシェルジェ石原 B1F

03-3365-1488

19:00〜01:00

不定休

エヴァン・ウィリアムス ブラックラベル

EVAN WILLIAMS
BLACK LABEL

●アルコール度数 43%　●容量 750ml
●生産国 アメリカ（バーボンウイスキー）　●輸入元 バカルディ ジャパン

バーボン造りの超有名人、エヴァンさんの名を冠したボトル。
1783年、ケンタッキー州ルイビルでライムストーン（石灰岩）
から湧き出る水を発見、トウモロコシを原料にウイスキーを
造ったとされる人物です。「ウイスキーをコーラで割ってもいい
の?」という疑問を吹き飛ばしてくれる自由さがグッド!　バーボ
ンの新樽由来の香りとコーラのカラメルは抜群の組み合わせ
です。レモンをツイストすれば、より爽やかに。

タラモアデュー
TULLAMORE DEW

- ●アルコール度数 40%　●容量 700ml
- ●生産国 アイルランド（アイリッシュウイスキー）
- ●輸入元 サントリー

「繊細で滑らか、快いモルティネスがある」と、専門家の間で高く評価されるアイリッシュウイスキー。一旦閉鎖、売却されてミドルトン蒸溜所で生産されていましたが、2014年に新しくタラモア蒸溜所がオープンしました。気軽にハイボールを楽しみたい方にオススメで、青リンゴがふんわり香る軽やかなテイスト。心地よく、グイグイ飲めます。価格も高くなく入手しやすいので、普段使いにも。

ブルックラディ ザ・クラシック・ラディ
BRUICHLADDICH
THE CLASSIC LADDIE

- ●アルコール度数 50%　●容量 700ml
- ●生産国 スコットランド・アイラ島（シングルモルト）
- ●輸入元 レミー コアントロー ジャパン

一度見たら忘れられない、エメラルドブルーのボトルがインパクト大。ノンピートなのにピートっぽい不思議な感覚があります。テロワールが重要だという信念からスコットランド産の大麦麦芽のみを使用、蒸溜からボトリングまでアイラ島で行うこだわりの造り。ロッホ・インダールの海岸沿いで熟成されているからか、潮の香りと麦の甘みがふくよかに支え合う風味を感じます。ハイボールに飲み応えがほしい方に。

ジャックダニエル シングルバレル

JACK DANIEL'S
SINGLE BARREL

●アルコール度数 45%　●容量 700ml
●生産国 アメリカ（テネシーウイスキー）　●輸入元 アサヒビール

数多くの樽の中から厳選されたひとつの樽のみをボトリングした、スペシャルなジャックダニエル。テネシー州で造られるテネシーウイスキーで、蒸溜した原酒をサトウカエデの木炭でろ過する「チャコール・メローイング」が特徴です。バニラやキャラメルの香りと、パワフルでコクのある味わい。ロックにすると、あら不思議！　バナナの香りがふわっと漂います。

ベンロマック 10年

BENROMACH
AGED 10 YEARS

●アルコール度数 43%　●容量 700ml
●生産国 スコットランド・スペイサイド（シングルモルト）
●輸入元 ジャパンインポートシステム

「シングルモルトって、どんな味？」そう思ったら、こちらの一本を。クラシカルな造りで、いろいろな要素をバランス良く感じられます。華やかで微かにスモーキー、ゆったりとした深い味わい。ビギナーからベテランの方まで楽しめます。老舗ボトラーのゴードン＆マクファイル社が再生した蒸溜所で、現在は人気の高いスペイサイドモルトになっています。

Bar kiln
Ryoji Minamiya

南谷　綾司

「Bar Kiln」オーナーバーテンダー。立川市の「Bar R」マネージャーを経て、2009年に独立開業。店名は、スコッチの製造工程である大麦の乾燥を行う建物の名前（乾燥塔）から。ウイスキー文化研究所認定 ウイスキープロフェッショナル、キューバ・シガー教育協会 シガーマネージャー。

BAR INFORMATION

Bar kiln	bar-kiln.com

東京都立川市柴崎町3-7-22 2F

042-512-8838

18:00〜02:00

月曜日休み

SODA

グレンマレイ エルギン クラシック

GLEN MORAY
ELGIN CLASSIC

●アルコール度数 40%　●容量 700ml

●生産国 スコットランド・スペイサイド（シングルモルト）

●輸入元 コルドンヴェール

18世紀、「ウエスト・ブリュワリー」というビール工場だった場所がグレンマレイ蒸溜所に。バニラの香りがはっきりとしていて華やか、モルト感もあってリーズナブルなスペイサイド・エルギン地区のシングルモルトです。ブレンデッドのソーダ割りに比べて、麦のしっかりしたボディ感があるので全体的にふくよか。バニラの香りも際立ち、ネガティブな渋みや苦味などがなく素直なモルトのおいしさを味わえます。

アーストン シーカスク 10年

AERSTONE SEA CASK
AGED 10 YEARS

● アルコール度数 40%　● 容量 700ml
● 生産国 スコットランド・ローランド（シングルモルト）
● 輸入元 並行輸入品

老舗ウイスキーメーカー、ウィリアム・グラント&サンズ社が所有するローランド地方のガーヴァン蒸溜所に併設されたアイルサベイ蒸溜所のシングルモルト。海沿いの熟成庫で熟成されたほんのり潮気を感じるウイスキーで、バーボン樽原酒がメインに使われていると思います。特に香りや後味に潮っぽいミネラル感があり、ノンピートのウイスキーに比べて味わいの主張がやや強め。穏やかな潮系のハイボールになります。

コンパスボックス オーチャードハウス

COMPASS BOX
ORCHARD HOUSE

● アルコール度数 46%　● 容量 700ml
● 生産国 スコットランド（ブレンデッドモルト）
● 輸入元 スリーリバーズ

果樹園にあるフルーツをイメージして樽を選び、ブレンドしたコンパスボックス社のブレンデッドモルトで、華やかなラベルが目を引きます。リンクウッドやクライヌリッシュ、グレンマレイなど、ハイランドやスペイサイドのバーボン樽やリチャー樽で構成。その名のとおり、リンゴや洋梨といったさまざまな果物の香り、バニラ、優しい樽を感じます。ソーダで割ると、奥から僅かに煙っぽさも。もちろん、ストレートでも楽しめます。

テンプルトン ライウイスキー 4年
TEMPLETON RYE
AGED 4 YEARS

● アルコール度数 40%　● 容量 750ml
● 生産国 アメリカ（ライウイスキー）　● 輸入元 ウィスク・イー

近年、アメリカで復刻版の人気が高まっているライウ
イスキーで、ライ麦を95%も使用しています。1920
年から始まる禁酒法時代にアイオワ州の小さな町で造
られていました。バーボンと同じような新樽で熟成さ
せているのかバニラやシナモンの香りがあり、どちら
かというとマイルドなライウイスキーです。バーボンと
の違いが分かりづらいときは、ロックにするとライの渋
みや苦味を感じやすくなるような気がします。

ハイランドクイーン1561　21年
HIGHLAND QUEEN
1561 AGED 21 YEARS

● アルコール度数 40%　● 容量 700ml
● 生産国 スコットランド（ブレンデッドウイスキー）
● 輸入元 並行輸入品

スコットランドの女王、クイーン・メアリーが名前の由
来。かつてはマクドナルド&ミュアー社でグレンモーレ
ンジィがベースでしたが、現在は買収されてメゾン・
ミッシェル・ピカール社の所有、キーモルトはタリバー
ディンです。モルト比率が高く熟成も長いため、傑出
した良い香り。レーズン、ウッドスパイス、ジャム、シェ
リー樽。口当たりがとてもなめらかで葉巻やチョコレー
トと相性抜群、ゆっくりと楽しめます。

スタンダード ウイスキーカクテル レシピ

アイリッシュ コーヒー　Irish Coffee

アイリッシュウイスキー 30ml、砂糖（ブラウンシュガー）1tsp、コーヒー（ホット）適量、生クリーム 適量／ビルド／耐熱グラス

アフィニティ　Affinity

スコッチウイスキー 20ml、ドライベルモット 20ml、スイートベルモット 20ml、アンゴスチュラ ビターズ 2dashes／ステア／カクテルグラス

アルゴンキン　Algonquin

ライウイスキー 30ml、ドライベルモット 15ml、パイナップルジュース 15ml／シェイク／カクテルグラス

ウイスキー コブラー　Whisky Cobbler

ウイスキー 60ml、オレンジキュラソー 1〜2tsp、シンプルシロップ（またはパイナップルや桃のリキュール）1〜2tsp／季節のフルーツ 適量／シェイク／タンブラー

ウイスキー サワー　Whisky Sour

ウイスキー 45ml、レモンジュース 20ml、砂糖 1tsp／スライスオレンジ 1枚、マラスキーノチェリー 1個／シェイク／カクテルグラス、ロックグラスなど

ウイスキー ソーダ　Whisky & Soda

ウイスキー 45ml、ソーダ 適量／ビルド／タンブラー

ウイスキー フィックス　Whiskey Fix

バーボンまたはライウイスキー 40ml、レモンジュース 20ml、シンプルシロップ 10ml／レモンスライス 1枚／シェイク／オールドファッションド グラス

ウイスキー マック　Whisky Mac

スコッチウイスキー 40ml、ジンジャーワイン 20ml／ビルド／ロックグラス

ヴュー カレ　Vieux Carre

ライウイスキー 20ml、ブランデー（コニャック）20ml、スイートベルモット 20ml、ベネディクティン 1tsp、ペイショーズ ビターズ 2dashes、アンゴスチュラ ビターズ 1dash／レモンピール 1片／ステア／ロックグラス

オールド パル　Old Pal

ライウイスキー 20ml、ドライベルモット 20ml、カンパリ 20ml／ステア／カクテルグラス

オールド ファッションド　Old fashioned

ライまたはバーボンウイスキー 45ml、アンゴスチュラ ビターズ 2dashes、角砂糖 1個／オレンジスライス 1枚、レモンスライス 1枚、マラスキーノチェリー 1個／ビルド／オールドファッションド グラス

カウボーイ　Cowboy

バーボンウイスキー 40ml、生クリーム 20ml／シェイク／カクテルグラス

クロンダイク クーラー　Klondike Cooler

ウイスキー 45ml、オレンジジュース 20ml、ジンジャーエール 適量／オレンジの皮（らせん剥き）1個分／ビルド／タンブラーなどのグラス

ゴッドファーザー　Godfather

ウイスキー 45ml、アマレット 15ml／ステア／ロックグラス

サイレント サード   Silent Third

スコッチウイスキー 30ml、ホワイトキュラソー 15ml、
レモンジュース 15ml ／ シェイク ／ カクテルグラス

サゼラック   Sazerac

ライウイスキー 45ml、アブサン 7.5ml、ペイショーズ
ビターズ 3dashes、角砂糖 1個 ／ レモンピール 1片 ／
ビルド ／ ロックグラス

サンタバーバラ   Santa Barbara

バーボンウイスキー 45ml、アプリコットブランデー
2dashes～1tsp、グレープフルーツ ジュース 15ml、
シンプルシロップ 2dashes～1tsp ／ シェイク ／ カク
テルグラス

シールバッハ カクテル   Seelbach Cocktail

バーボンウイスキー 30ml、コアントロー 15ml、アンゴ
スチュラ ビターズ 3dashes、ペイショーズ ビターズ
3dashes、シャンパン 90ml ／ オレンジピール 1片 ／
ステア ／ フルートグラス

シャムロック   Shamrock

アイリッシュウイスキー 30ml、ドライベルモット 30ml、
シャルトリューズ（グリーン） 3dashes、クレーム ド ミント
（グリーン） 3dashes ／ シェイク ／ カクテルグラス

ジョン コリンズ   John Collins

ウイスキー 45ml、レモンジュース 20ml、シンプルシ
ロップ 2tsp、ソーダ 適量 ／ スライスレモン 1枚、マラ
スキーノ チェリー 1個 ／ ビルド ／ タンブラー

スコッチキルト   Scotch Kilt

スコッチウイスキー 40ml、ドランブイ 20ml、オレンジビ
ターズ 2dashes ／ ステア ／ カクテルグラス

セント アンドリュース   St Andrews

スコッチウイスキー 20ml、ドランブイ 20ml、オレンジ
ジュース 20ml ／ シェイク ／ カクテルグラス

チャーチル   Churchill

スコッチウイスキー 30ml、ホワイトキュラソー 10ml、
スイートベルモット 10ml、ライムジュース 10ml ／ シェ
イク ／ カクテルグラス

ニューヨーク   New York

ライウイスキー 45ml、ライムジュース 15ml、グレナデ
ンシロップ 1/2tsp、砂糖 1tsp ／ オレンジピール 1片
／ シェイク ／ カクテルグラス

バーボネラ   Bourbonella

バーボンウイスキー 30ml、オレンジキュラソー 15ml、
ドライベルモット 15ml、グレナデンシロップ 1dash ／
ステア ／ カクテルグラス

バノックバーン   Bannockburn

スコッチウイスキー 30～45ml、トマトジュース 適量 ／
レモンスライス 1枚 ／ ビルド ／ タンブラーなどのグラス

ハンター   Hunter

ウイスキー 40～45ml、チェリーブランデー 15～20ml
／ ステア ／ カクテルグラス

ブールヴァルディエ　Boulevardier

バーボンウイスキー 20ml、スイートベルモット 20ml、カンパリ 20ml／レモンピール 1片／ステア／ロックグラス

ブラウン ダービー　Brown Derby

バーボンウイスキー 40ml、グレープフルーツ ジュース 20ml、蜂蜜 10ml／グレープフルーツ ピール 1片／シェイク／カクテルグラス

ブラックソーン　Blackthorn

アイリッシュウイスキー 30ml、ドライベルモット 30ml、アブサン 3dashes、アンゴスチュラ ビターズ 3dashes／ステア／カクテルグラス

ブラッド アンド サンド　Blood and Sand

スコッチウイスキー 15ml、チェリーブランデー 15ml、スイートベルモット 15ml、オレンジジュース 15ml／シェイク／カクテルグラス

ブリンカー　Blinker

ライウイスキー 20ml、グレープフルーツ ジュース 25〜30ml、グレナデンシロップ 5〜10ml、グレープフルーツ ビターズ 2〜3drops／シェイク／カクテルグラス

ブルックリン　Brooklyn

ライウイスキー 40〜45ml、ドライベルモット 15〜20ml、アメールピコン 1dash、マラスキーノ 1dash／シェイク／カクテルグラス

ペーパー プレーン　Paper Plane

バーボンウイスキー 15ml、アマーロ ノニーノ 15ml、アペロール 15ml、レモンジュース 15ml／シェイク／カクテルグラス

ペニシリン　Penicillin

スコッチウイスキー（ブレンデッド）50〜60ml、レモンジュース 20ml、ハニーシロップ 20ml、生姜スライス 2〜3枚、スコッチウイスキー（アイラ島のシングルモルト）5〜10ml／生姜スライス（砂糖漬け）1枚／シェイク&フロート（シングルモルト）／ロックグラス

フランシス アルバート　Francis Albert

ワイルドターキー8年 30ml、ジン（タンカレー）30ml／ステア／カクテルグラス

ホット ウイスキー トディ　Hot Whisky Toddy

ウイスキー 45ml、角砂糖 1個、熱湯 適量／スライスレモン 1枚、クローブ 2〜3粒、シナモンスティック 1本／ビルド／耐熱グラス

マンハッタン　Manhattan

ライウイスキーまたはバーボンウイスキー 45ml、スイートベルモット 15ml、アンゴスチュラ ビターズ 1dash／マラスキーノチェリー 1個／ステア／カクテルグラス

ミント ジュレップ　Mint Julep

バーボンウイスキー 60ml、ミント 適量、シンプルシロップ 1〜2tsp、ソーダ 少量／ミント 適量／ビルド／ジュレップカップ

モンテカルロ　Monte Carlo

ライウイスキー 45ml、ベネディクティン 15ml、アンゴスチュラ ビターズ 2dashes ／シェイク／カクテルグラス

ラスティ ネイル　Rusty Nail

スコッチウイスキー 30〜45ml、ドランブイ 25〜30ml ／ステア／ロックグラス

ロブ ロイ　Rob Roy

スコッチウイスキー 45ml、スイートベルモット 15ml、アンゴスチュラ ビターズ 1dash ／マラスキーノ チェリー 1個／ステア／カクテルグラス

ワード エイト　Ward Eight

ライウイスキー 30ml、オレンジジュース 15ml、レモンジュース 15ml、グレナデンシロップ 2dashes ／シェイク／カクテルグラス

いしかわ あさこ

東京都出身。ウイスキー専門誌『Whisky World』の編集を経て、バーとカクテルの専門ライターに。編・著書に『The Art of Advanced Cocktail　最先端カクテルの技術』『Standard Cocktails With a Twist　スタンダードカクテルの再構築』(旭屋出版)『重鎮バーテンダーが紡ぐスタンダード・カクテル』『バーへ行こう』『ウイスキー ハイボール大全』『モクテル & ローアルコール カクテル』『ジン カクテル』(スタジオタッククリエイティブ)がある。2019年、ドキュメンタリー映画『YUKIGUNI』にアドバイザーとして参加。趣味はタップダンスと落語、愛犬の名前は"カリラ"。

Photographed by Hibiki

ウイスキー カクテル
Whisk(e)y Cocktails

2024年4月1日

STAFF

PUBLISHER
高橋清子　Kiyoko Takahashi

EDITOR
行木　誠　Makoto Nameki

DESIGNER
小島進也　Shinya Kojima

ADVERTISING STAFF
西下聡一郎　Souichiro Nishishita

AUTHOR
いしかわ あさこ　Asako Ishikawa

PHOTOGRAPHER
柴田雅人　Masato Shibata

Printing
中央精版印刷株式会社

PLANNING,EDITORIAL & PUBLISHING
(株) スタジオ タック クリエイティブ
〒151-0051 東京都渋谷区千駄ヶ谷3-23-10 若松ビル2階
STUDIO TAC CREATIVE CO.,LTD.
2F,3-23-10, SENDAGAYA SHIBUYA-KU,TOKYO 151-0051 JAPAN
[企画・編集・広告進行]
Telephone 03-5474-6200　Facsimile 03-5474-6202
[販売・営業]
Telephone & Facsimile 03-5474-6213
URL https://www.studio-tac.jp
E-mail stc@fd5.so-net.ne.jp

注 意
この本は2024年2月20日までの取材によって書かれています。この本ではカクテルの美味さやカクテルを飲む愉しさを紹介していますが、飲み過ぎると腎臓、肝臓、胃腸、喉頭、頭脳、精神等に不調をきたす場合がありますので、充分にご注意ください。写真や内容も一部、現在の実情と異なる場合があります。また、内容等の間違いにお気付きの場合は、改訂版にて修正いたしますので速やかにご連絡いただければ幸いです。

編集部